알기 쉬운 음악 저작권법

알기 쉬운 음악 저작권법

일본미디어연구회 옮김

시간의 물레

4

♪ 한 장의 CD로부터

　'판타지부터 리얼리티로' 음악비지니스에 도전하는, 도전하고 있는 여러분들을 응원합니다.

　어느 샌가 나도 모르게 음악이 좋아지고 있다.

　어느 샌가 나도 모르게 음악관련 일을 하고 싶다고 생각하고 있다. 어느 샌가 나도 모르게 음악관련 일을 하고 있다. 그리고 정신을 차리고 보니 음악관련 일에 대해서 정작 아무것도 모르는 내가 있다. 어느 시대라도 사람의 작업과 함께 음악이 있고, 음악이라는 일도 있다.

　누구라도 "이번에 데이비드 보위의 담당을 맡고 있습니다."라는 말을 들으면 등줄기가 오싹해지면서 '나라도 가능할까? 나는 프로로서 제 몫을 하고 있는 걸까.'라고 자문할지도 모른다. 음악을 아무리 좋아 한다고 해도 또 가령 그것을 직업으로 하고 있는 사람이라고 해도 언제나 변모하고 있는 음악비지니스의 모습은 따라잡기 어려운 것이다.

　비즈니스로서의 음악을 실천해가면 '알고 있는 것과 모르는 것에는 승패를 좌우할 정도의 차이가 있다」는 것을 발견할 수 있다.

그렇다면 **비즈니스로서의 음악**은 무엇인가? 단도직입적으로 「**원반권**」과 「**음악저작권**」이 그 답이다.

원반권은 누군가 돈을 부담해서 누군가 그 권리를 어떻게 보유 하는가라는 것이다. 기본적으로는 돈을 부담한 사람이 권리 보유자가 된다. 또한 그 권리 보유자가 일부의 권리를 이양할 수도 있다. 그리고 제작을 하는 것에 있어서 필요불가결한 사람, 예를 들면 아티스트라거나 음악 프로듀서 등이 있다.

음악출판권은 그 악곡의 작사가와 작곡가에게 귀속된다. 이러한 작사가·작곡가의 권리는 저작권법 아래 올바르게 취급되고 있다. 저작권법의 의의는 크리에이터의 권리를 지키고 그 크리에이티브적인 콘텐츠와 소프트의 이용을 촉진시키는 것에 있다.

본서는 비즈니스로서의 「음악」을 이해하려고 할 때 '크리에이터', '프로듀서'의 시선으로 봐야한다고 제안하고 있다. 원래 형태가 보이지 않는 음악의 본질을 파악하기 위해서는 역시 눈으로 보이지 않는 원반권과 음악저작권이라는 두 개의 기둥으로부터 그 세계를 파악할 필요가 있다. 이 눈으로 보이지 않는 것을 눈으로 보이는 '한 장의 CD'로 발견해 보도록 하자.

이 책에서는 당신이 작가이고 연주가인 경우로 가정하고 음악 비즈니스의 세계를 설명하고 있다. 그것은 당신의 음악비지니스에 대한 이해를 더욱 도와줄 수 있을 것이다. 원반권과 음악저작권에 대해 기초이론부터 응용편으로 이어지며, 당신이 ① 인디계 아티스트일 경우, ② 메이저계 아티스트일 경우를 가정하여 각각의 포인트를 스토리구성으로 정리해 보았다. 먼저 상황별 스토리를 읽고 나서 이론은 뒤에서 필요한 때 읽어도 이해할 수 있을 것이다.

음악소프트나 음악콘텐츠에 대해 공부하고 싶은 사람들, 그리
고 음악비지니스의 세계에서 활약하고 있는 사람들에게 음악에
대한 열정을 가지고 응원하고자 하는 것이 이 책이 지향하는 점
이다.

♪ 히로시 작사, 준 작곡의
'호시노 다이아몬도'

"흠…. 덥다. 더워."

히로시의 방 안에는 고장 나서 움직이지 않는 에어컨과 수천 장은 있을 법해보이는 레코드와 CD, 음악 잡지나 콘서트 자료, 그리고 손 때 묻은 기타들이 어지럽혀 있다. 땀투성이로 곡을 쓰고, 자작곡을 부르고 있는 히로시는 특별할 것 없는 한 젊은 남자아이다.

그러나 최근, 아버지 그리고 어머니가 돌아가시고 외톨이가 되어버리고 말았다. 아파트의 밀린 집세들 때문에 언제 셋집에서 내쫓길지 모른다. 그의 손에 남아 있는 것은 뮤지션이 되고 싶은 희망과 쌓아둔 자작곡들, 준·츠요시·토오루라는 밴드의 동료들 정도이다.

그는 찌는 듯한 더위를 견디며 모처럼 밖으로 나가고 있었다. 거리의 입구에서 호리호리하고, 얼굴이 새파란 긴 머리의 남자가 갑자기 손을 쑥 내밀었다.

"먹을 것 좀 주세요. 배가 고파 쓰러질 것 같아요."
"헉! 놀라게 하지 마세요. 준 아냐? 이게 무슨 일이야!"
"히로시, 나 알바 잘렸다. 휴대전화 비도 밀리고, 너한테 계속 연락도 할 수 없고…. 미안."

 "어쩌다가 이 모양이야…."

 히로시는 거의 없는 돈을 준에게 건네 주었다.

 거리로 들어서니 공원의 나무 그늘에 초라한 모습을 한 아이
가 울고 있었다.

 "머리가 아파서 깨질 것 같아요. 약국에서 약살 돈도 없어요."

 "불쌍하게도…."

 히로시는 아이를 약국으로 데리고 가서 지갑에 남아있는 마지
막 돈으로 약을 사서 주었다.

 약국을 나오자 뒤에서 누군가 말을 걸어왔다.

 "히로시!"

 뒤돌아보니 골목길의 모퉁이에 기대고 있는 듯이 서있는 여자
가 있다. 고교 시절 동창인 아유미였다.

 "나 남자친구한테 바람맞은 것 같아…."

 "안됐다…."

 히로시는 언제 정지될지 모르는 신용카드를 사용해 아유미에게
중식요리를 사주고, 얘기를 들으며 위로해주었다. 실은 예전에 그
녀의 연애이야기를 그대로 작사한 곡이 있었다. 〈호시노 다이아
몬도〉라는 곡인데 히로시는 그 곡을 만들며 그녀에게 아련한 마
음을 느끼고 있었던 것이다.

 "다음 달은 어떻게 살아가지, 시장에서 기타를 팔고 남은 수
만 엔은 손에 있지만…."

아유미와 헤어지고 거리를 지나치자 별님이 반짝반짝 빛나고 있었다. 마치 다이아몬드를 여기저기 박아놓은 것처럼 아름다웠다.

계속 보고 있자니 또 목소리가 들려왔다.

"으앙, 으앙. 입을 옷 하나만 좀 주세요."
누군지 보니 알몸의 아이가 울고 있다.

"불쌍하게도….."
히로시는 셔츠를 벗어 아이에게 주었다.
집 근처까지 오자 또 다시 한 명의 아이가 나를 불렀다.
"바지가 없어서 너무 추워요. 저한테 바지 좀 주시면 안 되나요?"
"불쌍하게도….."

히로시는 바지를 벗으려고 하다 정신이 번쩍 들어 잠시 생각에 빠졌다.

"그치만, 밤이고 집도 근처잖아. 아무도 안 볼 테니 주자."
바지를 벗어서 주었다.
히로시는 완전히 빈털터리가 되고 말았다.
팬티 한 장에 휴대전화만을 한쪽에 들고, 위를 쳐다보며 걷고 있었다.

벨소리 : 호시노 다이아몬도 곡 중
'LOOK UP TO THE SKY, 저 별님이 다이아몬드로 변해 내려온다면, 얼마나 기쁠까….'

히로시의 휴대전화에서 착신음이 울렸다.

"어이, 히로시 나야 나. 준인데. 임시적으로 약간 돈이 생겨서 그런데 세금을 안 뜯기려면 어떻게 해야 하지."

"바보, 너 좀 전에 니 휴대전화가 연체됐다면서 나한테 돈 빌려갔잖아."

"후후훗, 너 ueko라고 기억나? 걔가 일본 베쿠타에서 이번 달 데뷔하게 돼서 싱글을 냈는데 첫 회 60만 부 팔려 대히트했나봐."

"헉! 그 꼬맹이가? 휴~."

"덤으로 싱글 커플링 곡이 우리가 만든 〈호시노 다이아몬도〉였다!!"

" … !!!! "

〈호시노 다이아몬도〉는 히로시 작사, 준 작곡의 오리지널 곡으로 1년 정도 전에 ueko와 밴드 동료인 5명이 스튜디오료를 함께 내서 녹음한 작품이었다.

1,000엔의 싱글CD의 경우, 50엔이 음악저작권료가 되어 60만 부라면 히로시의 손에 500만 엔이 들어오도록 되어있다.

> 음악저작권료 ÷ 3(작곡가, 작사가, 출판사) ÷ 곡수 × 판매부수 = 작사가가 받는 돈
>
> 50엔 ÷ 3 ÷ 2 × 600,000매 = 5,000,000엔

또한 그 정도의 히트곡이라면 가라오케나 방송, 콘서트에서도 사용되어지기 때문에 음악저작권료로서 수십만 엔이 히로시에게 돌아오게 된다.

더욱이 10곡 수록의 앨범에 〈호시노 다이아몬도〉가 수록되어 80만매 출하되면 333만 엔의 추가저작권인세가 들어오게 된다.

저작권사용료 ÷ 3(작곡가, 작사가, 출판사) ÷ (수록)곡수 × 판매부수 = 추가저작권인세
125엔 ÷ 3 ÷ 10 × 800,000 = 3,333,333엔

〈호시노 다이아몬도〉의 음원을 듣고 레코드회사는 굉장히 마음에 들어 그 음원을 그대로 사용하고 CM타이업까지 발표하게 되었다.

여기서 발생하는 히로시에게 돌아오는 음반권사용인세는 싱글에서 900만 엔, 앨범에서 600만 엔, 합계로 1,500만 엔이 된다.

싱글 ÷ 곡수 × 원반인세 ÷ 아티스트 인세 × 판매부수 = 싱글원반사용인세
1,000엔 ÷ 2 × 0.15 ÷ 5 × 600,000 = 9,000,000엔

앨범 × 원반인세 ÷ (수록)곡수 ÷ 아티스트 인세 × 판매부수 = 싱글원반사용인세
2,500엔 × 0.15 ÷ 10 ÷ 5 × 800,000 = 6,000,000엔

음악저작권료와 원반권사용료를 합치면 약 2,350만 엔 정도의 큰 돈이 히로시에게 들어오게 되는 것이다.

"아아, 하느님 감사합니다!"

♪ 옮긴이의 말

　최근 세계 속의 한국 위상은 그 어느 때보다 높아지고 있다. 그 중에서도 스포츠·음악·영화 등 엔터테인먼트 산업 분야는 대한민국에 대한 국가 이미지의 제고는 물론, 엄청난 경제적 효과를 거두며 주목을 받고 있다. 특히 일본에서 한국의 드라마 〈겨울연가〉로 시작된 이른바 '한류' 현상은 이제 중장년층에서 젊은 세대로, 드라마에서 음악과 영화로, 일본에서 아시아, 그 외의 국가로 그 범위를 넓혀가고 있으며 단순한 현상(이슈)이 아닌 '한류의 일상화'를 실현하고 있다.

　동방신기(東方神起)는 발매하는 앨범마다 일본 오리콘 차트 1위를 석권하고, 비(RAIN)는 헐리우드 진출 및 미국에서 활발한 활동을 하고 있다. 소녀시대나 원더걸스·2NE1·4MINUTES·브라운아이드걸즈·AFTER SCHOOL 등 국내인기와 동시에 아시아 및 중동 그 외의 국가에서도 큰 인기를 끌고 있다.

　하지만, 이러한 엔터테인먼트 산업의 해외 진출을 통한 경제적 성공에 들떠있는 작금의 현실에서 언급되어야만 하는 것이 있다. 엔터테인먼트 산업의 경제효과 및 지적재산권과 직결되는 '저작권'이 바로 그것이다. 엔터테인먼트 산업의 천국이라 불리는 일본에서 '한류'라는 한국의 엔터테인먼트 산업은 기적과도 같은 성공이었으며, 황금 알을 낳는 거위와 비유할 수 있다. 하지만 그 거위를 갖고 있다는 것만으로 기뻐하며 들떠있기에는 황금 알 그 자체에 대한 권리가 위협받을 수도 있다.

실제로 한국의 저작권관련 의식은 상당히 낮아 저작권후진국이라고도 불린다. 저작권에 대한 낮은 인식으로 한국콘텐츠가 해외에서 상당한 인기를 끌었음에도 불구하고, 전혀 흑자를 내지 못하는 경우가 허다하다. 우리가 주로 문화콘텐츠를 사고파는 이웃나라 일본을 예로 들자면, 얼마 전 한류 노래를 다량으로 무단 사용한 일본 대형 가라오케 업자에 저작권 인세를 배상 요구하여 2,300만 엔(2억9천8백만 원 상당) 배상 판결을 받아낸 적이 있다. 이는 초반 급격히 일본에 한류 노래가 진출할 때, 저작권 조치를 제대로 취하지 못한 우리나라가 뒤늦게 배상 소송을 내어 판결을 받은 것이다. 이 사례는 비교적 손해가 크지 않게 마무리 되었지만, 초반에 저작권 조치를 제대로 취하지 못하여, 손해를 본 우리나라 콘텐츠는 상당히 많다. 지금에 이르러서는 우리나라 업계 관계자들도 저작권의 중요성을 인식하고 그에 따른 대응을 미리미리 준비하고 있지만, 아직 전문적인 인력은 부족한 상태이다. 반면, 일본의 경우는 대형 엔터테인먼트사 자체에 법무부란 부서가 있어 저작권 및 법 관련 전문인력을 확보하고 대응하고 있다.

대한민국은 지금까지 한국 엔터테인먼트 산업은 거위가 황금 알을 더 많이 낳도록 하는 양적 성장을 위한 노력을 기울였다면 지금부터는 낳은 황금 알을 지키기고 발전시키기 위한 질적 성장의 초석을 다져야 할 시점이다.

제작된 엔터테인먼트(콘텐츠 및 연예인), 황금 알의 지적재산권, 즉, '저작권'을 지키기 위한 올바른 의식을 함양하고 우리 스스로가 콘텐츠에 대한 지적재산권을 지키고 사용할 수 있을 때, 한국

엔터테인먼트 산업은 더 발전하고, 새로운 콘텐츠 및 아티스트를 발굴하는 선순환이 이루어질 수 있다.

이 책은 점점 중요시되는 저작권 중에서도 특히 음악저작권에 관해 누구라도 쉽게 접할 수 있도록 쓰여 있다. 특히 본서는 우리나라와 엔터테인먼트 분야에서도 밀접한 관계를 맺는 일본의 음악저작권법에 관한 개괄서로 일본과 관련한 업계 종사자에게도 큰 도움이 될 것이다.

이 책은 이호영 교수님과 '일본미디어연구회(이하 일미연)'이 함께 연구하기로 정하였던 책으로, 본 책이 나오기까지 함께 힘써주신 이민재 사모님과 주상하 조교를 비롯하여 '일미연' 제3기 멤버 탁새봄·이승준·이정원·기현명·장은진과 또 여러 도움을 주신 '일미연'의 최창혁 선배에게 감사의 말을 전하고 싶다. 우리는 '일미연'이 故이호영 교수님께서 유일하게 학부생과 함께 만드신 연구 학술 모임임을 잊지 않고, 교수님이 우리에게 전하고자 하셨던 마음, 가르침을 마음 속 깊고, 굳게 새기며 훗날 그대로 베풀어 갈 것이다. 마지막으로 부족한 우리를 노심초사 지켜봐 주셨을 하늘에 계신 故이호영 교수님께 이 책을 바치고 싶다.

선생님! 너무도 부족한 연구를 마쳤습니다. 부끄럽고 죄송스러운 마음 감출 길이 없습니다. 더욱 노력하고 정진하여 부끄럽지 않는 선생님의 제자로 성장하겠습니다. 그리고 베풀겠습니다. 지금 먼 곳에 계시지만, 우리의 마음속에서 훌륭한 아버지이시자, 좋은 스승이시자, 존경하는 선배님으로 영원히 함께하실 것입니다. 예전에도 그랬듯, 지금도 그리고 앞으로도 감사하고 사랑합니다.

2010년 10월
일본미디어연구회 일동

CONTENTS

제3장 원반계약

제4장 출판계약

제5장 아티스트 활동

제6장 새로운 아레나로의 도전

제7장 스타탄생

■ 부록(계약서서식)

제1장

원반권과

음악저작권

🎼 1장의 CD 내용

┌─────────────────────────┐
│ 「1장의 CD」: 여행의 출발점 │
└─────────────────────────┘

　　Q : CD는 무엇으로 만들어 지는가?
　　A : CD판, 종이, 플라스틱 케이스

　　제조공장의 조립 기술 설명서라면 정답이지만, 뮤직비즈니스 참고서의 답으로서는 물론 오답. 정답은 원반권·음악저작권·각 로열티·복제권·판매권이다. 로열티에는 아티스트 인세·프로듀스 인세·프로모트 인세 등이 있다. 그리고 권리의 원천이 되는 것은 재능과 돈이다. 권리가 귀결되는 것은 돈이다.[1]

　　이하, 원반권(인세), 음악저작권(인세), 복제 배포권, 유통·판매 마진을 CD의 구성요소로서 파악해보자.

　　만약 CD를 제작·판매하는 것이 레코드회사라면(원반원·판매처), CD는 결국 무엇을 팔아서 버는 것인가, 상품을 우선 충분히 이해하는 것이 기본이 된다. 정가(세금제외가격) 2,700엔의 CD를 전제로 생각해보자.

---

1) 음악 자체의 시점에서 답하면 「74분(2001년 1월 현재의 수록가능분수)이내의 음악·음소재」라는 것도 정답이라고 볼 수 있다.

1장의 CD : 메이저 레코드 회사로부터 발매를 상정, 적어도 5만 매 이상 팔리고 있는 상품을 상정 반품률 10%로 가정

	원반인세(13%)					520엔 레코드회사 비용: 계약금, 제작비, 제작비, 판리비, 제조비 외	280엔 레코드회 사이익 (세금 공제 전)	280엔 반품	1,000엔 마진	180엔 물류 회사 마진	135엔 소비세
	50엔 아티스트 인세	50엔 프로듀서 인세	25엔 프로모션 인세	195엔 원반인세 (좌측을 제외)	125엔 저작권 인세						
						2,700엔 세금제외가격					
							2,835엔 세금포함가격				
	49	49	24	194	125	519	280	280	1,000	180	135
	2%	2%	1%	7%	4%	18%	10%	10%	35%	6%	5%

🎼 원반권

CD를 녹음하려고 하면 제작비가 필요하다. 그 **음원제작비(녹음비용)를 부담하는 사람이 소유한 것**이 '원반권'이다.

음원제작비(아래 기술한 ①부터 ⑤가 그것에 해당한다)를 포함해서, 하나의 CD프로젝트가 세상에 나오기 위한 총비용의 내역은 다음과 같다.

① 스튜디오료(엔지니어료 포함)
② 연주료
③ 편곡료
④ 프로듀스료
⑤ 마스터링 비용
⑥ 자켓제작비
⑦ 광고선전비
⑧ 판매증진비
⑨ 계약금·아티스트육성금의 해당기간 중 지불
⑩ 그 외

'1장의 CD' 상품이 세상에 나오기 위해서 이러한 비용항목이 있는 것은 각 항목에 관계하는 사람들과의 협력이 필수라는 것을 의미한다. 점포에 있는 1장 1장의 CD패키지 뒷면에는 여러 사람의 관계와 그들의 숨겨진 이야기가 포함되고 있는 것이다.

☞ 로열티(인세)

여기에서 말하는 '로열티'는 CD에 포함되는 의미로, 협의로 이해하면 된다. CD에 포함된 로열티에는 아래와 같은 것이 고려되고, 실제로는 모든 CD에 모두 로열티가 발생하는 것은 아니고, 각각 계약에 따라 발생한 로열티의 내용이 변하게 된다.

● 아티스트 로열티

통상 1~2%(CD 1장 당 48.6엔, 케이스비용 공제 10%)

예를 들어 아티스트가 자력(자기부담)으로 마스터를 파는 계약을 성사시킨 케이스에서는 원반권도 아티스트측이 소유하고 있기 때문에, 아티스트 로열티는 소속사무소로부터 지급된다(레코드 회사는 몇 %가 되는지 감지하지 않는다.).

〈아티스트와 그 주변 관계도〉

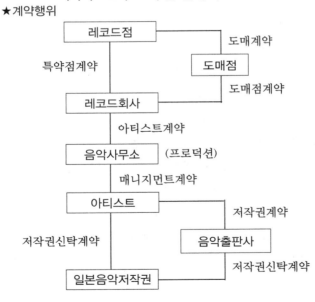

- **프로듀서 로열티**

통상 1~2%

- **프로모션 로열티**

통상 0.5~1%

- **음악저작권 로열티**

통상 6%

일본음악저작권협회(JASRAC)에 레코드회사로부터 지불되는 사용료는 아래와 같이 계산된다.

사용료 = 세금제외가격 ÷ 곡수 × 0.06 × 제조수 × 관리악곡수 + 소비세상당액

다만, 1개 1곡의 사용료가 8.1엔 이하의 경우는, 1개 1곡의 사용료는 모두 8.1엔으로 계산된다.

☞ 자주원반과 외부원반

원래는 원반이라고 하면 레코드회사의 **자주원반**밖에 없었다. 즉 레코드회사가 유일의 레코드제작자였다. 음원제작비는 곧 레코드회사가 부담하고, 레코드회사가 원반을 소유한 형태밖에 없던 것이다. 그것을 타파한 것은 우에키 히토시라고 하기보다는 와타나베 프로덕션이 원반 제작했던, 〈스다라세츠 크레이지 캣츠〉가 외부원반[2]의 제1호였다. 그 후 싱크 뮤직이 '스파이더스' 최초 그룹사운드의 일부 작품 등을 외부원반으로 제작했던 것이다. 그래서 자주원반과 외부원반과의 중간 위치, 절충적 형태를 **공동원반**으로 불렀다. 레코드회사와 음악출판사 등의 외부의 원

---

2) 외부원반이라는 것은 레코드회사 측으로부터 본 호칭으로, 원반소유자로부터 보면 공급원반.

반제작회사가 공동해서, 제작비를 부담하고 제작해 원반권을 공
유하는 형태이다.

☞ 원반인세

원반권이 100% 외부에 있는 외부원반의 경우에는 레코드회사는
원반소유자로부터 라이선스 계약(원반양도계약 또는 원반공급계약)에
기초해서 대가인 원반인세를 지불하는 것에 의해 복제 배포권을
가지는 것이다. 즉 레코드회사의 제작비부담이 제로인 경우, 좋은
예로는 해외에서 제작된 외국원반·서양음악·해외라벨 등의 모든
상품이 외부원반에 해당한다.

원반인세는 통상 10%부터 15%가 적당하다. 이러한 인세율은
철저히 원반권 소유자와 CD발매회사와의 사이에서 요구되는 제
3자에게는 비밀인 성격의 것이다.

☞ 분산형 판매점의 마진

단순하게는 소매가격 - 도매가격이지만, (2,700엔 × 0.3=)810엔이 1
장당 소매점의 마진이 된다. 당연히 소매점과 메이커의 사이에 도
매점이 들어가 그 사이에 수수료가 생긴다. 또 실제로는 매입된
총액에 대해서 반품이 10%이내인 경우, 즉 소매점이 메이커에 반
품한 CD의 수를 매입 수의 10% 이하 또는 그것 이하의 일정 비율
로 제한한 경우에는 3%부터 8%의 개별마진이 각각의 매매계약에
따라 생긴다. 더욱이 엄밀하게는 메이커와 판매점과의 사이에서
결정할 수 있으므로 마진30%라는 것은 25%이거나 38%라는 말이
다. 만일 인디스[3]의 위탁 판매상품이면 40%정도를 판매점측이 요
구할지도 모른다.

---

3) 자주적으로 제작한 레코드나 컴팩트 디스크.

🎼 음악저작권

CD가격의 6%가 음악저작권(이하 저작권)이 된다. 그 내역은 작곡가(Composer)가 3%, 작사가(Author)가 3%로, 즉 작곡가와 작사가가 반씩 권리를 기본적으로 소유한다. 저작권은 CD 복제 이외에도 적용된다. 예를 들어 방송되는 경우, 콘서트에서 연주되는 경우, 또는 악보에 인쇄된 경우 등, 인쇄물에는 일본음악저작권협회마크가 붙어있는 물건 전부에 지불을 해야 한다. 그렇다면 여기서는 CD에 있어서의 저작권(녹음권 / Mechanical rights)에 붙는 계산에 대해서 보자.

> 저작권사용료 = 세금을 뺀 정가 – 세입정가 × 6% × (출하매수×80%)[4]

세금을 뺀 정가 2,700엔(세입정가 2,835엔)의 상품 1장당 계산하면, 125엔이 된다.

매상 수(정확하게는 공장출하 수)에 이 125엔을 곱한 금액이 레코드 회사에서 일본음악저작권협회(일본음악저작권협회)에 지불된다. 다만, 이 공제율은 엄밀히 각 레코드 회사와 일본음악저작권협회 사이에 주고받는 포괄계약에 따라 규정된다. '출하 수×80%'

---

4) 이 공식은 끝까지 실제 메이저 회사에 실천되는 것이지만, 일반적으로 '세금을 뺀 가격의 6%에 소비세를 더한 금액을 일본음악저작권협회에 사용료를 지불한다.'고 생각해도 좋다.

라는 것도, 아티스트계약에 따라 결정되는 출하공제의 숫자가 80%라는 것을 전제하는 것이다. 어디까지나 위에서 기술한 숫자는 어림잡아 계산한 것으로 생각해 주길 바란다.

그래서 일본음악저작권협회는 125엔부터 6%의 수수료를 취하고, 출판사에 120엔을 불입한다. 이것을 출판사·작사자·작곡가가 약 40엔씩 3등분하게 된다.

필자 개인이 편의적으로 이용하는 방법이지만 '세입 정가 1,000엔에 대한 저작권료는 5%에 달하는 50엔'로 생각하고, 정가 2,000엔이라면 50×2에 저작권료는 100엔이라는 어림계산이 성립한다.

가령 정가 3,000엔에 저작권료 150엔의 상품으로 12곡이 수록된 앨범 CD를 예로 들면, 단순 계산으로는 150엔 ÷ 12(곡) = 12.5엔이 1곡 정도의 저작권인세가 된다. 모든 저작권료를 수록 악보 수로 나누는 방법, 즉 '**곡수배분**'으로 곡 당 인세가 결정된다.

실제로는 '5분 미만 타임의 곡을 1곡으로 카운트한다. 5분 이상의 긴 곡은 2곡으로 카운트한다'는 기준이 있다. 만약 위에서 기술한 앨범의 10곡이 전부 5분 미만 곡의 길이이고 부분 6분 10초와 7분 10초인 경우 저작권의 카운트 상에는 앨범의 수록곡 수는 전 14곡이 되고, 5분 미만의 곡에 저작권인세는 150엔 ÷ 4 (곡) = 10.7엔이 된다.

또, 타임이 긴 2곡의 1곡 정도의 인세는 이 2배인 21.4엔이 된다. 예를 4분 59.9초가 있는 경우, 약 5분이지만 역시 '5분 미만'이기 때문에 1곡으로 카운트된다.

TV 타이업

예를 들어 레코드회사와 TV방송국이 TV프로그램 타이업에 따라 히트곡을 노리는 경우, 원반 및 출판의 소유형태가 다음과 같이 복잡한 관계가 될 것이다.
   ① 음악저작권을 TV계 출판사에 맡긴다. 혹은 기정 출판사와 TV계 출판사가 공동출판을 한다.
   ② 원반인세의 가운데 프로모토 인세를 설정하고, 레코드 회사에서 매상에 대하여 TV계 출판사에 지불한다.
   ③ 원반을 레코드 회사와 TV계 출판사가 공동으로 제작하고, 「공동원반」(원반 공동소유)로 한다.

☞ 송 라이터(작사가와 작곡가, 이하 '작가')에 대해

아티스트는 아티스트 로열티를 레코드 회사에서 받지만, 송 라이터(작가)는 아티스트이든 아니든 간에 상관없이 저작권인세를 받을 권리가 있다.

저작권의 대상이 되는 것은 저작활동에 의해 완성된 「작품」이고, 그것은 '오리지널'로 '완성된 것'이 될 필요가 있다.[5] 무엇이 '오리지널'이고, 무엇이 '완성된 것'인가의 기준이 되는 특별한 검사방법은 없다. 다만 그것이 재판의 대상이 될 경우, 이하와 같은 내용이 확인된다.

그 곡을 흥얼거리며 따라 부르는 것이라면 그것은 카피라이트(저작권)의 대상이 된다. 이것이 **무방식 주의**에 있어 '등록하지 않은 것도 보호된다.'된다는 것이다. 예를 들어 등록 테이프나

---

5) 일본음악저작권협회에는 회원을 향해 '작품 DATA BASE'라는 호칭을 관리 악곡(국내 약 50만 곡, 해외 약 100만 곡)을 수록한 CD-ROM을 유상으로 제공하고 있다.

악보에 수록되거나 또는 기재되어 있다면, 그 시점에서 흥얼거리는 것은 '저작물'로 인정된다. 일본음악저작권협회나 정부의 공인기관에 등록되어 있지 않은 것도 저작권은 존재하는 것이다. 특허나 상표는 등록된 시점에서 권리가 발생하기 때문에, 전혀 성격이 다른 물건으로서 다루어지고 있다.

저작물이 한번 존재했다고 하면, 송 라이터는 **독점적**으로 ① 복제물·녹음물, ② 배포된 작품의 사본, ③ 공중에 대한 퍼포먼스에 관하여 음악저작권이라는 권리가 있는 것이 된다. 이것은 송 라이터의 허가 없이 상기 ①, ②, ③의 행위는 가능하지 않다는 것이고 또 저작권이 침해되는 경우, 소송을 제기하거나 그 상대에 대해 정당한 가치에 대한 금액청구가 가능하다.

☞ 그 외 저작물

일본음악저작권협회는 일본음악저작권협회라는 이름 그대로 **'음악' 저작권**에 관한 관리기관의 하나이다.

그러면 음악 이외의 **저작권 및 저작인접권**, 각각의 관리 기구에는 무엇이 있는 것인가.

① 문예저작물(소설·각본 등) : 일본문예저작권보호동맹
② TV방송의 각본 : 일본각본가연맹
③ 영화 시나리오 : 일본시나리오작가협회
④ 실연가 : 일본예능실연가단체협의회
⑤ 레코드 제작자 : 일본레코드협회

단, 상기 ④, ⑤는 저작인접권에 해당한다. 저작인접권은 실연가·레코드 제작자·방송사업자 등 저작물의 이용을 촉진하는 입

장의 주체자가 소유하는 권리이다.

그 외의 저작물에는 춤·회화·미술(애니메이션이나 캐릭터)·사진·
프로그램·데이터베이스·지도·건축 등이 있다.

음악아티스트와 카메라맨

아티스트의 사진을 레코드 회사가 프로 카메라맨을 기용해 촬영하
면, 그 사용권은 누구에게 있는 것인가라는 문제가 생긴다. 보통, 레코
드 회사의 담당자는 사용목적을 설명하고, 카메라맨은 그 목적에 맞는
스타일을 촬영하게 된다. 반대로 잡지 등 종이 매체의 퍼블리시티 용으
로써 촬영 발주한 것이 수개월 후에 신작의 앨범 정면·커버 사진이 되
거나 혹은 또 상점가의 세일 포스터, 콘서트회장의 주위에서 판매되고
있는 부채에 사용되고 있다면……. 이 촬영 프로젝트의 요점은 레코드
회사의 담당자에 있기 때문에, 아티스트나 카메라맨의 권리주장인가,
클레임에 대한 정확한 대응을 해야만 한다. 무엇보다, 클레임이 일어나
지 않는 사용합의서에 관계자의 서명을 받거나 사진소재가 외부에 보
이지 않게 관리해야하는 것이다.

창작자를 살리고 그 권리를 지키는 것이 프로듀서의 일 중 하나이기 때
문에, 이 경우 당사자의 프로듀서 연출력 그 자체가 중요시 되는 것이다.

☞ 편곡자는 저작권법의 보호를 받지 않는가

편곡은 파생적인 저작물('2차적 저작물'이라 부른다)로서, 저작권
법에 보호된다. 파생적 저작물이란, 음악의 경우 작사가 및 작
곡가가 창작한 악곡을 편곡할 때 발생한다. 음악 이외에는 원본
을 번역한 번역소설을 각색한 시나리오, 소설이나 시나리오를
영화화할 때의 영화 등이 포함된다.

예를 들어 영화 〈타이타닉〉의 원안이 **번안**되어, 디지털화시킨
예고편이 들어간 CD-ROM을 만드는 것도 2차적 저작물의 작성과

비슷하다.

더욱이 게임을 만들고, DVD를 만들고, 컴퓨터 그래픽을 구사하는 새로운 영화를 하는 등, 디지털화가 이른바 Ones Source Multi Use를 보다 가능하게 한다.

또 작가가 편곡을 행하는 케이스, 혹은 작가(작사가·작곡가) 및 출판사가 편곡자에 저작권을 가지는 것에 동의할 때에는, 출판사와 작가 및 편곡자 사이의 저작권계약서에 기반하여, 편곡이 저작권보호로 등록되는 경우, 출판사가 편곡계에 제출하는 것에 의해, 편곡이 저작권보호의 대상이 될 수 있다(이 경우 CD발매 시기의 통상분배율은 작사가 12분의 4, 작곡가 12분의 3, 편곡가 12분의 1, 음악출판사 12분의 4가 된다.).

또한 1998년 4월 1일 이래 공표된 곡에 관해서는 편곡자의 일부권리가 보증된다. 이 제도는 '공표시편곡제도'라 불리고, 공표시편곡(저작자가 처음에 레코드로서 발행된 때 부쳐진 편곡)을 행한 편곡자가 **가라오케 연주료의 12분의 1의 분배**를 받는다. 실제로는 일본음악저작권협회회원·신탁자에 대해, ① 연주권 안의 가라오케 부분과 ② 통신 가라오케의 송신부분이 분배대상이 된다.

☞ 저작권침해

저작권침해, 이른바 '도작'이란, 패러디인 것이 명확한 '정당한' 사용의 경우를 제외하고, 어느 송 라이터가 타인의 작품의 일부를 사용해 자신의 작품을 만드는 것이다. 이 경우의 '정당한' 사용의 판단기준이 몇 가지 있다. 즉, ① 기존 곡의 어느 정도의 부분이 사용되는가. ② 어떠한 가사의 흐름 속에서 사용되는가. ③ 기존 곡이 장래에 얻어야 할 이익의 어느 정도를 빼앗기게 되는가 등이 판단기준이 된다.

법률상에서의 테스트, 즉 어느 정도 침해하고 있는가의 판단은 법정에서 기존 곡과 도작 곡을 시청하고 비교하는 것에 따라 판단되며, 정확한 기준은 존재하지 않는다.

마이클·볼튼 저작권 침해의 판결에 승복하다

2000년 5월 9일 연방재판소는 '94년 마이클 볼튼에 대한 저작권 침해의 재판에 판결을 내렸다. 원곡인 '64년 아이즈리 브라더스의 "Love is A Wonderful Thing"으로 볼튼도 동명의 별곡을 발매했던 것. 로산즈르스 순회 재판소는 '94의 판결이 유효하다고 평결을 내렸다. 이에 따라 싱글로 부터의 수익의 66%, 및 앨범 [Time, Love And Tenderness]의 수익 28%가 로날드 메르비 아이즈레이에게 지불되었다. 볼튼의 같은 싱글은 '91년 6월에 차트 제 4위가 되었고, 앨범은 '91년 5월에 NO.1이 되어 670만 장의 매상을 올릴 정도로 인기가 대단했다.

이런 뉴스에서 시사되는 점은 ① 9년간 지불 명령이 내려진다는 것, ② 싱글의 66%는 물론 앨범에서 1곡이 쓰인 것만으로도 (10%가 아니라)28%의 인세지불이 생겼다는 것, ③ 싱글 앨범이라는 메카니칼 로열티는 물론, 악보와 방송·콘서트·가라오케 등의 2차 사용료까지 문제시되고 있는 것, ④ 마이클 볼튼은 구미에서 원래 세계적으로 팔리는 아티스트며 국외 인세에 대해서도 지불이 문제시 되는 점, ⑤ 이상 소송으로부터 9년 후에 나온 판결에서 25억 엔이 아니고 50억 엔 정도의 지불이 생기는 것이다. 보통의 사람들이라면 「50억 엔! 더 기다려주세요. 벌써 9년 전의 일이에요. 인세수입으로 받은 돈 따위, 남아있지 않아요.」라고 말하겠지만 마이클 볼튼의 경우 그런 걱정은 필요 없겠다.

☞ 공작

2사람 혹은 3사람 이상이 한 사람의 곡을 쓰는 경우를 공작이라 부르고 그 1곡 전체에 대해 모든 공작자가 저작권을 보유한다. 글의 이 부분은 어떤 사람이 썼기 때문에 '이 부분은 어떤 사람의 권

리'라는 것은 없다. 작사 A씨와 작곡 B씨가 있어 글만이 인쇄물이
된 인세가 발생한 경우도 A, B 모두가 절반으로 인세를 받는 것이
된다. 노래의 원곡이 커버되어 연주(install mental)된 것으로써 수록
된 경우, B씨는 작곡 인세 분을 받게 되지만 A씨는 전혀 받지 못
한다. 마찬가지로 노래가 가라오케에 수록된 경우는 A, B가 받는
인세는 절반이 된다. 또한 그 후에 C가 또 다른 작사가로서 등장하
고, A의 글을 전부 쓴 경우에도 A의 권리는 남아있고, ABC 3인의
공작 곡으로써 취급하게 된다. 이것을 **파생작품**(Derivative Work)'이라
부른다.

당신이 제작 과정에서 작사나 작곡에 대해 누군가로부터 어드
바이스나 도움을 받은 경우에도 그것은 작가로써의 참가가 아닌
프로듀서 혹은 어레인저로서의 어드바이스인 것을 확인하는 것
이 권리의 분기점이 되기 때문에 중요하다.

☞ **곡의 구매**

실제로 작가가 아니어도 '오리지네이터' 혹은 '오서(author)'라 한
다면 개인 혹은 조직은 곡을 작가로부터 구매한 것에 의해 저작
권자가 된다. 물론 작가와의 사이에 별도 각서를 교환하고 인세
수입을 작가에게도 약속한 경우는 꼭 위와 같다고 한정 지을 수
없다. 영화나 연극, 사운드 트랙의 스코어라든가 애니메이션 작
품의 이미지 음악, 효과음악 등에 보이는 형태이다.

☞ **CM용 악곡의 등록**

광고용으로 곡을 오리지널로써 제작한 경우는 보통 **CM위촉 작
품**으로 출판사는 일본음악저작권협회에 작품계를 제출하는 것을

제외할 때, TV·라디오 등에서의 CM이용에 대해서는 관리 제한한 형태로 등록하게 된다. 이 수속을 거친 TV·라디오에서의 사용에 따른 저작권 사용료의 발생은 없는 것이 된다. 물론 CD 등의 상품에 그 악곡이 사용되는 것과 같이 TV·라디오 이외의 사용에 관해서는 통상 음악저작권 사용료가 발생한다. 이 경우 작품 신고는 일본음악저작권협회에 신고가 CD발매일(최초의 공표일)로부터 40일 이내이기 때문에 레코드 회사나 레코드 제작 회사 관계자가 CM타이업을 취해서 허가된 기한은 CD발매일로부터 40일이라는 견해도 가능하다. CM곡이 공표되어지기 전에 위촉 작품으로서의 작품신고를 제출할 필요가 있다.

예를 들어 만약 11월 21일에 CD발매하는 오리지널 악곡이 있는 경우 CM 타이업은 발매일 전에 결정되어 있고, 11월의 CD가 발매되는 날에는 광고가 정점에 달하도록 계획되어 있는 형태가 이상적이다. **CM스팟이 실시되기 전**에 일본음악저작권협회에 일본음악저작권협회관리 외의 악곡으로서 작품 신고가 되어야 하기 때문에 9월 정도에 레코드 회사의 정식 편성표와 함께 신고, **등록이 완료된 다음 광고가 시작**하는 형태가 된다.

또한 12월 20일까지 출판사가 일본음악저작권협회에 작품신고를 하지 않으면, 12월 말 계산의 3월 분배라 하는 사이클에 맞지 않는 것이 되고, 발매일로부터 40일 후의 이듬해 1월에 작품 신고를 하게 되면 분배는 3월 말 계산의 6월분배가 된다.

이러한 일본음악저작권협회의 관리 유보 없이는 관리제한에 해당하는 위촉 작품으로서 CM용 악곡이외의 영화나 TV프로그램의 오리지널 악곡 등이 대상이 된다.

☞ 권리자표시

데모 테이프에 권리자 표시가 필요한가라는 것은 출판이 실현되지 않은 단계가 있기 때문에 필요 없지만 사무적인 인상을 부여하기 위해 표시하는 쪽이 좋다고 생각한다. 저작권 표시에 대해서는 속칭 '동그라미C표시'(ⓒ)라고 말한다. 또한 저작권 표시 이외의 제품에 관련되어 시각적인 감지를 할 수 있는 부분의 권리에 대해서는 '동그라미P표시'(ⓟ)라 불린다.

예를 들어 ⓒ ⓟ 2002 George Kage and K-Prodece japan All rights reseved.와 같이 해 두는 것이 좋을 것이다.

☞ 저작권의 실효기한

저작권의 실효기한은 일본에서는 등록·미등록은 저작권의 보호기간에 영향이 없다. 일본인의 작품은 작자(작사와 작곡이 다른 사람의 경우와 사망한 경우)의 사후 50년이다. 현재 저작권법이 시행된 1971년 이후로 창작된 저작물은 물론, 그 시점에서 저작권이 존속하고 있는 작품도 신법에 따른다. 잠정 조치에 따라 1932년 1월 1일 이래로 사망한 사람의 작품은 신법의 규정에 따라 작자의 사후 50년 존속으로 한다.

외국 곡의 경우, 그 나라의 보호기간이 일본보다 짧은 경우에는 짧은 쪽으로 맞춘다(베르누 조약 가맹국의 경우). 미국의 작품도 미국이 1989년에 베르누 조약에 가맹했기 때문에 보호기간이 짧은 일본의 보호기간이 적용된다(전시 가산의 경우는 제외).

☞ 송 라이터의 주요 수익

작가는 통상 출판사를 통하여 저작권 수입을 얻지만, 개인이 출판사로서 기능하고 활동하는 것도 가능하다. 메이저 출판사에 소속되어 있기 때문에 불필요하게 득을 보는 점은 없다.

다만 출판사에 관리위탁하지 않은 자신의 곡이 TV주제가나 메이저 아티스트에 기용되는 경우라면 우선 TV방송국 측의 출판사나 그 메이저 아티스트의 소속 프로덕션이 소유 혹은 관련하는 음악 출판사에 당신의 곡은 맡겨지게 되는 것이다. 물론 계약 당사자로서의 당신의 의지에 따라 형태는 달라질 수 있다.

CD발매된 곡에서 파생하는 수익은 작자와 출판사의 사이에서 분배된다. 단순화하는 것도 먼저 출판사가 3분의 1을 얻고 나머지를 작가가 얻는 것이 된다. 출판사·작사가·작곡가의 3자가 3분할을 하는 것이다.

☞ 저작권 수입의 2가지 형태

저작권 수입으로서는 다음 2가지 형태가 있다.

녹음권 사용료(Mechanical Royalty)는 레코드 회사가 패키지(CD·카세트·DVD 등)를 제조 출하함에 따라 지불한다. 연주권 사용료(Performing Royalty)는 TV 방송국·라디오 방송국·가라오케 업자·이벤트 등이 공중을 향해 이용함에 따라 지불한다.

● **녹음권 사용료**(Mechanical Royalty) : 상품 레코드로부터의 저작권 인세

레코드 복제권에 기초하여 얻은 녹음권의 대상으로서, 레코드 회사는 저작권의 소유자에 로열티를 지불한다. 이것을 녹음권 사용이라 부른다. 저작권의 소유자는 작가 자신 또는 작가 자신이 오너로서 인정받은 개인 또한 조직(출판사에 해당)이 있다.

가령 당신이 작사·작곡을 전부 담당한 CD가 발매되는 경우, 공장 출하 수에 대해 그 세금을 뺀 정가 6%에 해당하는 금액을 녹음 사용료(메카니컬 로열티)로서 레코드 회사가 일본음악저작권

협회에 지불하고 일본음악저작권협회는 6%[6]를 수수료로써 징수한 후 잔금을 출판사에 지불한다. 출판사는 그 3분의 1을 취한 나머지 3분의 2에 해당하는 금액을 작가인 당신에게 지불하는 것이 된다. 또는 가령 출판사가 관여하지 않는 일본음악저작권협회에서 작가가 로열티를 주는 것도 생각할 경우 5%밖에 되지 않는다(세입 1,000엔의 싱글이라면 50엔으로 계산된다).

〈CD발매에 다른 아티스트와 그 주변〉

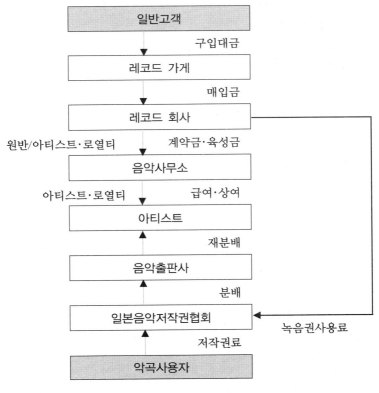

(아티스트 / 송라이터 수입)

또한 실제로 로열티의 수취(작가인 당신의 은행 구좌에 입금되는 것)는 CD의 경우 3개월마다(3월말, 6월말, 9월말, 12월말) 집계보고가 일본음악저작권협회에서 도착하고부터 3개월 후가 된다. 예를 들어 1월1일부터 3월31일까지 공장 출하되어 발매되는 CD의 경우 레코드회사는 3월31일까지 출하수를 계산하여 일본음악저작권협회에 사용신청을 제출하고 5월 말일까지 사용료를 일본음악저작권협회에 납입한다. 그것을 기초로 악곡의 작품 코드가 부여된 일본음악저작권협회관리 악곡이 되고, 6월말(6월 25일경)에 일본음악저작권협회에 의해 분배보고가 되며 동시에 작가의 은행구좌에 일본음악저작권협회에 의한 이체가 된다.

마찬가지로 홈 비디오의 경우는 1월1일부터 3월31일까지 공장 출고된 것이 집계되어 일본음악저작권협회에 사용 신청되고 6개월 후 9월말에 작가의 구좌로 이체가 된다.

인디계 회사(대기업이 아닌)로부터 발매된 경우의 CD사용료는 공장출하 일에 관계없이 실제로 일본음악저작권협회에 사용료가 입금이 되고부터 6개월 후에 작가의 구좌로 이체가 된다.

● **연주사용료**(Performing Royalty)

공중에 곡을 연주하고, TV나 라디오에서 방송하고, 클럽에서 연주하고 그 외에 공중에 대한 악곡의 이용 권리를 연주권이라 부른다.

---

6) 통상 '1곡에 대하여 세금별도 가격의 6%, 혹은 8.1엔의 어느 쪽이든 많은 쪽 금액에 소비세를 가산한 액 이하'로 계산한다. 요컨대 10곡이 들어간 세금별도 가격 1,000엔의 CD의 경우는 60엔이 아니고, 81엔 (플러스 소비세)이 녹음권 사용료가 된다. 또 '1곡'이라는 곡의 길이는 통상 5분 미만인 것으로 5분 이상 10분 미만의 곡은 저작권 상은 2곡, 10분 이상 15분 미만은 3곡으로 카운트 된다.

다음과 같이 일본음악저작권협회에 의해 징수가 된다.

① 라이브·콘서트(연주회) 등에 있어서의 연주

   ⓐ 영리목적 ⓑ 입장요금이 있음 ⓒ 출현자의 보수발생 ……
   이러한 경우 아래의 표의 방법으로 사용료를 징수한다.

② 콘서트 이외의 이벤트

   무도회·패션 쇼·연극·백화점의 선전 이벤트, 야구의 시합중의
   연주 등 이용형태에 대해 징수한다.

③ 가라오케 시설에 있어서의 연주 등

   설비에 대하여 각점의 사용료를 결정하고, 연간 포괄계약에
   준하여 징수한다.

④ 라이브하우스·클럽·레스토랑·호텔에서의 음악 이용

   연간 포괄계약에 준하여 매월 징수한다. 호텔에서의 디너 쇼
   등은 1회당 사용료를 징수한다.

⑤ 재즈 찻집·디스코·댄스 홀, 레스토랑 시어터 레코드 연주에
   대하여 일정액을 징수한다.

저작자가 단순히 음악출판사와 계약하는 경우는, 일본음악저
작권협회가 음악출판사에 징수한 연주권 사용료를 음악출판사에
지불하면, 다시 음악출판사가 작가에게 지불한다. 저작자가 일
본음악저작권협회의 회원인 경우에는, 일본음악저작권협회로부
터 음악출판사를 경유하지 않고 직접 작가에게 지불된다.

〈참고〉
일본음악자연합(http://www.muj.or.jp/intor.htm)
일본음악저작권협회(http://www.일본음악저작권협회.or.jp)
일본레코드협회(http://riaj.or.jp/)

연주권 사용료 규정

일본음악저작권협회자료 (단위 : 엔)

정원 입장료	500명까지	1,000명까지	1,500명까지	2,000명까지	2,500명까지	3,000명까지	4,000명까지	5,000명까지	10,000명까지
무료	300	400	500	600	700	800	900	1,000	1,100
200엔까지	500	700	900	1,100	1,300	1,500	1,700	1,900	2,100
500엔까지	700	900	1,100	1,300	1,500	1,700	,1900	2,100	2,300
1,000엔까지	900	1,100	1,300	1,500	1,700	1,900	2,100	2,300	2,500
1,500엔까지	1,100	1,300	1,500	1,700	1,900	2,100	2,300	2,500	2,700
2,000엔까지	1,300	1,500	1,700	1,900	2,100	2,300	2,500	2,700	2,900
2,500엔까지	1,500	1,700	1,900	2,100	2,300	2,500	2,700	2,900	3,100
3,000엔까지	1,700	1,900	2,100	2,300	2,500	2,700	2,900	3,100	3,300
3,500엔까지	1,900	2,100	2,300	2,500	2,700	2,900	3,100	3,300	3,500
4,000엔까지	2,100	2,300	2,500	2,700	2,900	3,100	3,300	3,500	3,700
4,500엔까지	2,300	2,500	2,700	2,900	3,100	3,300	3,500	3,700	3,900
5,000엔까지	2,500	2,700	2,900	3,100	3,300	3,500	3,700	3,900	4,100

☞ 외국에 있어서의 녹음권 사용료(Mechanical Rights)

작가인 당신이 직접관리를 의뢰한 출판사는 그 악곡에 관한 오리지널 퍼블리셔(원출판사)로 불리며, 외국과 같은 악곡을 관리하는 출판사와 원출판사가 다시 계약하는 경우 그 출판사는 그 악곡의 서브 퍼블리셔(서브 출판사, 속칭 서브 퍼브)라고 불린다. 해외에서 발생하는 당신의 악곡 로열티는 그 서브 퍼블리셔가 징수하고, 오리지널 퍼블리셔를 통하여 지불받게 된다.

☞ 외국에 있어서 연주권 사용료(Performing Rights)

일본음악저작권협회에 상당하는 저작권 관리단체(미국의 경우 ASCAP나 BMI, 프랑스의 경우 SACEM)가 징수한 로열티(연주권료·방송사용료)는 일본음악저작권협회에 송금되고, '일본음악저작권협회 회원인 작가'에게 지급된다.

여기서는 어디까지나 일본음악저작권협회 회원의 개인작가에게 지급되는 형태이기 때문에, 개인회원이 아닌 작가의 악곡을 출판사에 맡기는 것만으로는 해외로부터의 연주권료·방송사용료를 작가가 수취하는 것은 가능하지 않다.

그 악곡의 출판사가 자사를 오리지널 출판사로서 해당국의 출판사와 서브 출판사 계약을 행하는 경우에는 그 서브출판사가 우선 연주권 사용료를 해당국에 징수하고, 오리지널 출판사에게 송금, 다시 오리지널 출판사가 작가에게 분배하게 된다.

☞ 싱크로 피(Synchronization License Fees)

영화·TV프로·홈 비디오 등, 비주얼 이미지의 곡을 싱크로 시킬 때 발생하는 것이, 싱크로 피라고 하는 것이다. 이 경우 영화나 TV프로의 프로듀스 측으로부터 허가의 의뢰가 먼저 있다. 여기에서 OK를 하는 것은 작가의 의사로 최종 결정된다. TV에서 싱크로 피가 영화보다 싼 것은 다음과 같은 이유 때문이다.

① TV프로의 제작비는 영화보다 싸다.
② TV 시청자의 수는 영화의 관객수보다 많다. 그만큼 CD의 매상효과도 높다.
③ TV에서 곡이 사용되는 것은 파생적인 퍼포먼스 로열티를 발생시킨다고 생각된다.

☞ 인터렉티브 배신은 7.7%

CD의 6%에 대해, 상용의 음악배신에 대해서는 2000년12월 18일부터 일본음악저작권협회가 문화청의 인가를 얻어 인터넷에서의 음악배신의 허락 및 7.7%의 사용료 징수를 2001년 6월부터 개시하였다.

다운로드 형식(오프라인에서 재생하여 듣는 것)의 유료배신의 경우, '1곡 1리퀘스트료(정보료)의 7.7% 또는 1곡 7.7엔 중 높은 금액 × 1개월의 총 리퀘스트수. 1곡당의 월액사용료를 합산한 액이 5천 엔 이하의 경우는 5천 엔'으로 된다.

착신 멜로디 데이터의 배신은 1곡 1리퀘스트 5엔. 리퀘스트료의 7.7%가 5엔을 초과하는 경우는 금액 그대로 한다.

스트림형식(온라인에서 재생하여 듣는)의 유료 또는 광고료 등 수입이 있는 경우, '음악을 주로 하는 것의 경우 음성 또는 가사 표시의 경우 3.5%, 동영상을 수반하는 경우 2.8%' 월액 최저사용료 5천 엔으로 된다.

제2장

레코드 회사와
아티스트

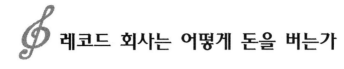 레코드 회사는 어떻게 돈을 버는가

일본음악과 서양음악 레코드의 평균가격을 2,700엔으로 하면, 1장의 CD의 레코드회사에 있어서 매상은 (2,700엔×0.73=)1,971엔이 된다. 만일 연간 100만 매를 파는 레코드회사가 있다고 하면 연간 매상은 19억 7천만 엔이 된다. 대형 레코드회사라면 「1억 엔의 매상을 내면 사원 1명의 가정을 책임질 수 있다」는 게 정설이니까 100만 장을 팔아야 20인 규모의 회사를 운영 가능할 수 있는 것이다.

계약료·제작비·마진(8%)·불량품 상각비(1.5%)·물류비(9%)·일반관리비(13%:판촉비·인건비·월세·광열비 외)·제조비·부속품비·선전비(10%)·저작권료(6%) 등의 비용이 1,971엔의 매상으로부터 나오고 있는 것이다. 남은 돈, 즉 이익은 어느 정도일까. 각각의 CD에 의한 계약조건이 다르기 때문에 얼마나 벌 수 있는지 일반화된 숫자는 도출하기 어렵지만 보통 '매상의 10%가 순이익'이라는 것이 원활한 경영상황이라고 볼 수 있기 때문에 1장당 190엔 정도의 이익을 얻을 수 있는 것이다.

'CD 1장 팔아서 190엔', '19억 엔 팔아 약 2조 엔', 이것은 경영이 원만한 우량 기업이나 가능하고, 현실에서는 레코드회사 상위 20개사(게임, 소프트 판매수익을 포함하지 않음)에서 2000년 이래 이익을 낸 곳은 5개사에서 7개사뿐인 것이 현재 상황이다.

재판제도(재판매가격유지제도)

「재판업자가 소비자에게 소매로 팔 때 가격을 제조업자 등이 지정하고 지키는 것이 가능한 제도」가 재판제도이다. 재판제도의 대상이 되는 저작물의 범위는 6품목(서적·잡지·신문·레코드·음악용 테이프·음악용 CD)으로 한정하고 있다. 세금포함 정가 3,000엔의 LP는 3,000엔으로 밖에 팔 수 없다(별도로 표경법이라는 것이 있어 10%인 300엔까지 할인하는 것은 소매점이 할인해서 소비자에게 환원가능하다). 소매점이 이 가격을 지키지 않을 경우, 메이커는 출하를 정지할 수 있다. 「시한재판」이라고 불리는 형태로 싱글 CD(및 마키시 싱글)는 1년간, 일본음악은 2년간, 서양음악은 1년간, 클래식은 6개월부터 1년간의 각 기간을 각각 메이커가 정해 패키지로 명기해서 소매점에 출하하고 있기 때문에 실효는 이러한 기간 내에 한해서 가능하다. 재판매가격유지법이라는 것은 문화보호, 창조물의 보호라는 목적을 가지고 있는 일본 독자법이며 유럽과 미국에 재판가격이라는 시스템은 없다.

로열티의 계산상에서 유럽과 미국은 도매가격을 기준으로 하고 있는 것에 반해 일본은(세금미포함) 소매가격을 기준으로 하고 있는 것의 제도적배경이 여기에 있는 것이다.

아티스트는 어떻게 돈을 버는가

① 계약금, 아티스트 로열티(아티스트와 레코드 회사 간에서 맺어진 아티스트 계약에 기초하는 것)

② 저작권료(인세수입; 아티스트, 엄밀하게 작가와 음악출판사 간에서 맺어진 저작권계약에 기초하는 것)

③ 라디오 사용료

④ TV 사용료

⑤ 영화 사용료

⑥ 머천다이징

⑦ 사무소로부터의 급여(고정급 또는 보합금; 아티스트와 사무소간에 맺어진 매니지먼트 계약에 기초하는 것)

⑧ 연주료 제외한 출연료, 기구에서의 회장 측으로부터 개런티 (사무소가 관여하는 경우, 사무소로부터의 급여에 포함된다)

⑨ 그 외

아티스트 로열티에 대해서는 통상 2%에서 1장당 48엔이 되고 레코드회사로부터 아티스트 사무소에 지불된다. 레코드 매상이 ①부터 ⑨의 모든 항목에 영향을 끼치기 때문에 레코드 매상이 느는 것이 전체의 수입이 오르는 것을 보증하는 기준숫자가 되어 '레코드가 팔려야 가치가 있다'는 것이 된다.

사무소(즉 프로덕션)로부터의 급료는 레코드 회사로부터의 계약금 없는 아티스트 로열티나 원반인세의 선불금을 분할하고 가지고 오는 형태로 지불되어지는 부분도 있다. 이것은 어디까지나 사무소의 운영방법에 달려있다. 만일 당신이 데뷔 전의 아티스트라고 하고 단순히 생각한다면 BUZZ(이것이 히트할 것이라고 누구라도 생각하는 정평)를 창출하지 않으면 계약하는 메리트를 가질 수 없다. 즉 아티스트 측에 유리한 계약은 불가능하다. 데뷔는 너무 빠르다. '돈이 되는 나무(레코드)'를 찾는 것이 레코드 회사다.

가사 없이 작곡을 하고 있는 아티스트는 일본음악저작권협회로부터 인세를 받는 것이 가능하다[1]. 일본음악저작권협회에 그 돈을 주는 것은 레코드 회사·라디오국·TV국·영화회사·콘서트의 주최자 등이다. 아티스트이든 송라이터든 또는 그 양쪽 모두 참가하던 간에 계약의 경우도 포함해서 자각하는 것이 아티스트로서 생활해 가는데 필요 불가결한 것이다.

---

1) 일본음악저작권협회의 흐름도

🎼 아티스트는 누구를 믿어야 좋은가

지미 스콧의 경우

　2000년, 70세 중반의 나이로 일본에 방문해 공연을 하고, 같은 해에 2회째 공연을 한 재즈 보컬리스트, 지미스콧의 데뷔 레코드는 "서베이 레코드"라는 라벨이었다. 그 사장 하만 루빈스키의 스튜디오는 업계관계자로부터 「노예스튜디오」라고 불리고 있었다. 3,500달러 정도 드는 레코딩비는 전부 아티스트가 부담하고 아티스트 로열티는 매 0.5센트(타 라벨 아티스트의 경우 상장은 2에서 4센트 정도)이기 때문에 70만 장 팔리지 않으면 아티스트 측은 페이가 없는 계산이 된다. 더욱이 5년의 전속계약으로 레이 찰스의 레코드회사 "탄제링"에서 내려고 한 지미의 앨범 『펄링 인 러브 이즈 원더풀』은 샘플음반까지 완성시켜 놓았는데 루빈스키가 소송을 제기한 탓에 발매중지가 되고 말았다. 그리고 67년 『소스』라는 앨범도 완전 동일한 이유로 발매중지가 되었다. 서베이 라벨에서의 레코딩에서 그에게 지불한 연주료 150달러는 50달러 씩 3회의 분할 지불되었다.

　미국의 경우 아티스트가 에이전트(퍼스널 매니저)를 고용하고 에이전트가 레코드회사에 아티스트를 소개하는 형태이다. 거래가 성공한 경우 아티스트와 레코드회사 간 계약을 한다. 이것이 바로 레코딩 아티스트 계약이다. 프로야구선수인 마츠이 선수의 메이저 리그 데뷔로 이 에이전트제도는 일본에서도 인식이 높아지고 있다.

일본의 경우는 아티스트가 음악사무소 간에 매니지먼트 계약을 하고, 소속음악사무소와 레코드회사 간의 아티스트 계약(정식으로는 '소속실연가계약서')을 교환한다.

미국이라면 자신이 고용한 퍼스널 매니저가 먼저 상담 상대고, 그 다음으로 음악전문 변호사, 자신의 콘서트 섭외로 연결되어 있는 에이전트 등에 의지하게 된다.

일본의 경우는 선술한 대로 레코드회사와 아티스트 간에 간접적인 계약관계가 없기 때문에 자연히 소속사무소의 힘이 아티스트 활동에 보다 큰 영향력을 가지게 된다. 더욱이 변호사도 음악에 관해서 전문변호사인 미국에 비해 압도적으로 수가 적고 "조직·구체제가 사람 재능보다 우선 된다"라는 풍토가 있다. 또한 아티스트 로열티가 낮기 때문에 성공한 아티스트인 만큼 소속음악사무소로부터 독립하고 레코드회사를 이적하는 것이 기존 레코드 회사로부터 떨어질 수 있는 패턴을 취하는 경향이 있다.

당신이 레코딩 계약 전의 아티스트라면 미국스타일을 취하고 먼저 좋은 퍼스널 매니저(에이전트)를 찾는 것이 비즈니스 상 당신의 음악활동의 소중한 첫걸음이 된다. 좋은 퍼스널 매니저는 '최상의 아티스트 캐리어'라는 관점에서 사물을 판단한다. 프로모션, 선곡, 사운드프로듀서의 선택, 레코드계약 투어…의 모든 것을 직접 배치하고 책임을 갖고 컨트롤한다.

만일 당신이 어떤 TV의 음악채널에 나가고 싶어 하는데 그것을 매니저가 허락하지 않거나 TV출연을 매니저가 거절해버리는 경우도 있을 수 있다. 퍼스널 매니저에게 이런 권한에 대한 당연한 대가로서 아티스트 수입의 10%에서 20%의 수수료를 지불할 필요가 있다(여기서 아는 사이니까 대충하자는 식의 사고방식은 금물). 계약기간은 3년에서 5년이 보통. 다만 다른 아티스트보다 우선시되는 것을 계약서 상에서 보증시켜야 한다. 또한 계약기간 중에 그가 은퇴함에도 불구하고 보수만 지불되는 사태가 일어나지 않도록 명기해 두어야 한다. 그것과 레코드회사로부터 퍼스널 매니저 혹은 매니지먼트 사무소에 대해서 아티스트가 모르는 돈 거래가 없도록 보고의무를 명기해야 한다 — 사실, 애초부터 그런 신용이 없는 퍼스널 매니저나 사무소는 선택하지 않는 것이 좋다. 신뢰 가능한 퍼스널 매니저를 얻는 최대 효용은 자신은 다른 곳에 신경 쓰지 않고, 음악표현에만 집중이 가능하다는 점이다.

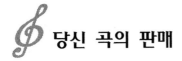 당신 곡의 판매

처음부터 프로 작가로서 음악출판사에 자신의 곡을 가지고 오는 것은 좋은 방법이 아닐 지도 모른다. 표절 등으로 소송당하면 끝이라는 상식도 기본적으로 있어야하고, 무엇보다도 출판사가 곡을 받아 들여도 책임질 수 있는 대응은(수가 너무 많아서) 불가능하기 때문이다(물론 개인적인 '연고'가 있어, 출판사의 담당자와 당신이 협력해 레코드회사에 판매가 가능하다면, 그것을 극복할 수는 있겠지만).

가장 먼저 음악 산업의 최선단 현장의 사람에게 물어봐야 할 것이다. 그것도 가능한 제작현장에서 선곡에 관여하고 있는 사람이 좋을 것이다.

아티스트가 거대해질수록 음악출판사나 A&R(디렉터 : 음반 회사의 신인 발굴 팀 artists and repertoire)보다 아티스트 본인과 개인매니저, 프로듀서가 결정권을 갖게 된다. 반대로 아티스트가 아직 알려지지 않으면 소위 신입의 경우, 레코드회사의 스텝이 방향성을 결정하기 위해서 곡의 선정을 담당하는 경우가 많다. 다만 담당자가 듣고 싶지 않아 하면 일방적으로 보내와도 한 번도 듣지 않고 쓰레기통행이 되버리는 것이 보통이다. 물론 담당 디렉터에 따라서는 다수로 보내오는 데모 음악도 자세하게 듣고, 때로 직접 연락을 취해 이야기를 들은 다음 채용해주는 사람도 있

52

다. 하지만 '곡은 프로가 아니면 안 돼'라고 원래부터 기존의 프로작가와의 작업이 아니면 생각도 하지 않는 독자적으로 제작 스탠스를 확실히 정하고 있는 A&R이 대부분이다.

구체적으로 당신의 곡을 연주하길 바라는 아티스트를 골라 그 담당 디렉터 그 아티스트의 곡을 관리하고 있는 출판사, 그 아티스트의 소속사무소(의 담당 매니저)에게 보낸다. 업계지 'Original Confidence'의 차트를 분석해보고 참고한다.

☞ 판매준비

레코드회사는 팔리는 아티스트 또는 작품의 기준을 가지고 있다. 적어도 상대의 최소 기준을 우선 클리어하고 있는지를, 스스로 쿠르2)로 판단하기 때문에 판매에 관해서 생각해야 한다.

① 주위의 음악애호가의 평가를 받는다.
② 업계관계자의 평가를 받는다.

이 작업을 거치지 않으면, 몇 개의 카세트를 복사하고 봉투와 우표를 사용해도 소용없는 일이 된다.

그리고 업계관계자에게 자료를 맡길만한 적당한 레코드회사의 담당자에게 직접 그 관계자로부터 건네받는 방식이 가장 좋을 것이다. 무한정 업계주소록에 있는 레코드회사와 프로덕션에 보내도 상대는 판단 가능한 허용량 이상의 데모테이프를 이미 많이 쌓아두고 있을 것이다.

---

2) Cours : 프랑스어, 연속 방송 프로그램의 방송 기간 단위로 보통 주 1회에 3개월분 13회를 1쿠르라 함.

☞ 키트

판매에 필요한 소재는,

① 3에서 4곡이 들어간 MD(또는 카세트, CD-R)
② 가사
③ A4용지 1면의 소개문 : 곡 소개, 바이오, 과거 소개된 기사 (신문, 잡지)의 카피, 출연 실적, 추천서, 연락처, 날짜[3]
④ 사진(1점)

신뢰감을 얻기 위한 자신의 사진을 1장 선택한다는 것은 의외로 어려운 일이다. 가능하면 매니저가 객관적으로 선택한 쪽이 정확하다. 그 사진이 잡지에 작게 게재될 때를 가정해, 그것만으로도 아티스트의 '얼굴'을 보여줄 수 있는 것이 베스트 샷이다. 당신의 프레젠테이션의 기회는 항상 '이번 1번이 전부'라고 생각하고, 항상 최신·최고의 소재를 갖추어야 한다. 전에 바이오를 건네주었으니까 사진만으로 충분하다고 생각 하면 곤란하다. 상대는 다수의 거래를 하고 있기 때문에, 언제나 위에 나온 4가지를 갖춰서 상대에게 직접 전할 수 있도록 준비하자.

---

3) 날짜는 통상 편지에서도 끝마치기 전에 필요하지만, 여기에서는 더욱 만이 표절된 때에 증거가 된다는 의미도 포함한다.

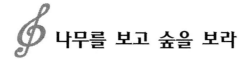

나무를 보고 숲을 보라

레코드회사는 아티스트계약에 기초해 녹음된 음원(마스터)을 기초로 CD·카세트·비디오 등의 복제를 하고, 상품화해 발매처가 되는 회사이다. 더욱이 자사판매의 경우는, 딜러(도·소매점)에 직접 판매 활동을 하는 회사이다.

발매에 맞춰 레코드회사는 선전활동·판촉활동을 한다. 그 외 관리부문 등의 모두가 아티스트의 스타화·상품의 히트를 목표로 하고 있다.

레코드회사는 그 형태에 의해, ① 메이저 레벨의 레코드회사(일반적으로 말하는 「레코드회사」), ② 메이저계의 회사 ③ 메이저와 분배 계약한 인디(독립계 레코드회사) ④ 순수인디로 나뉜다.

☞ 메이저 라벨로 불리는 레코드회사

세계적으로 보면 5대 메이저라 불리는 회사가 있다.

WEA(atlantic, Electra, Warner Bros.)	WEA재팬
CEMA(Capitol, EMI, Virgin)	도시바EMI
UNI(Geffin, GRP, MCA, A&M, Mercury, PolyGram)	유니버셜
SonyMusic(Columbia, Epic, Sony)	소니뮤직
BMG(Arista, RCA, Ariola)	BMG팬하우스

PolyGram은 1998년에 시그럼의 UNI그룹에 매수되고, 2000년부터 유니버셜빅터는 유니버셜에 제작, 선전과 함께 흡수되어서 유니버셜의 판매를 전면적으로 빅터엔터테인먼트가 하게 되었다. 2000년 중반을 목표로 미국 타임워너와 영국 EMI가 합병, '워너EMI뮤직'이 될 뻔했지만, 유럽에서 합병이 독점금지법에 저촉된다는 이유로 이 합병은 백지화되었다.

그 후 BMG가 EMI를 매입한다는 등의 소문도 몇 번인가 돌았지만 상황은 언제나 유동적으로 흐르기 때문에 3개월 후까지는 아무도 알 수 없다. 그리하여 현시점에서 세계적으로는 WEA·CEMA·UNI·SONY·BMG의 5대 메이저 체제가 펼쳐지고 있다.

레코드회사의 현재 리스트에 관해서는 일본레코드협회의 사이트에서 확인하는 것이 좋다. → URL: http://www.riaj.or.jp

이러한 레코드회사에는 ① 제작부, ② 선전부, ③ 법무부, ④ 영업부, ⑤ 관리부의 5개(또는 다른 이름으로 해당하는 부)의 부서가 있다.

이러한 부문에 종사하고 있는 주요인물을 자신 또는 자신의 개인매니저가 알고 있다면 당신은 스타의 길에 한걸음 가까워지게 된다.

레코드회사의 조직과 기능에 관해서는 다음의 표로 정리했으므로 참고하자.

레코드회사의 조직과 기능

기능		중요항목1	중요항목2	중요항목3	중요항목4	중요항목5
제작부	아티스트계약 음반제작 음원관리 부속품제작	계약금 녹음제작비 마스터·테이프 자켓 디자인	육성금 프로듀스인세 가라오케테이프 해설서	아티스트인세 레코드윤리관리위원회	원반인세	
선전부	선전시책	광고비	퍼블리시티	선전제료작성·관리	테스트판 관리	PV자·상비
법무부	계약서관리 인세관리	아티스트계약 원반인세	아티스트인세	저작권인세		
영업부	판매시책 판매촉진	첫회수주 점두시책(POP등)	구보시책 판촉물			
특판부	유통판매 기획작성 유통판매영업	기획작성 판매				
경리부	경비관리	계약비 관리	인세입금(보고(報告))			
상품 관리부	제조관리 물류관리 비용관리	상품수배 생산량관리 자켓·비용	테스트감수배 즉매(卽賣)/상품수배 선전판촉비관리	제조비용		

● **제작부(A&R Department)**

아티스트를 선정해 법무부와 공동으로 계약에 관여하고, 녹음(원반제작)해서 사내외에 프레젠테이션하는 부서. A&R(음반 회사의) 신인 발굴 팀(artists and repertoire)이라고 불리는 담당자가 아티스트와 그 작품에 책임을 지고 있다. 계약금과 제작비는 이 부서가 책임을 지고 있다.

〈제작기획서〉
·회사 내에서 신인의 작품을 포함하여 매월 신보기획을 공인하기위한 서류. 목표매상(첫 회 팔린 매수 및 최종목표매수)의 제시와 기획내용설명이 기본 자료가 되고, 손익계산서가 첨부된다.
·담당 A&R이 작성하고, 관련된 각 섹션장(최종제작부장)이 책임을 맡는다.

〈라벨카피를 축으로 일을 진행〉

● **선전부(Promotions Department)**

업계지, 음악지, 일반지, 신문, 라디오, 유선, TV의 광고·선전을 담당하는 부서. 그러므로 선전비를 확보해 어떻게 사용하는지, 광고의 수단, 선전소재, 캠페인 전개 등으로 직접 관련한다.

MI Entertainment LABEL COPY

[RECORD No.] ABC-123	[WNS No.]		[LABEL] MIE	[TRAY] Black	[TYPE] JPOP	[DIRECTOR] 카무라	[세금] 2,800엔
[RELEASE DATE] 2003/3/21	[Pos No.]	from Fantasy to Reality /Hiroshi Suzuki	[SIZE] 12cmCD	[LABEL PRINT] Special	[ORIGIN]	[MANAGER] 마카베	[세금제외] 2,667엔
[MATRIX No.]	[ORIG. RELEASE DATE]		[SET]	[PRESS]	[TAPE No.] MI-1513	[P.MANAGER] 사이토	[ROYALTY] 15
	[TRACKS] 12	**from Fantasy to Reality** /Hiroshi Suzuki		ISRC	ORIGINAL, M. No.	COPYRIGHTS	TIME
(1) Fantasy to Reality		스즈키 히로시 작사·작곡				office Hiroshi	3:30
(2) 프롤로그		스즈키 히로시 작사·작곡				"	2:59
(3) 하루카나루유메란도		스즈키 히로시 작사·작곡				"	3:40
(4) 타비시키노마치		스즈키 히로시 작사·작곡				"	3:28
(5) 아유미노테마		스즈키 히로시 작사·작곡				"	4:10
(6) 이와루아이즈		스즈키 히로시 작사·작곡				"	3:20
(7) 아이노테마		스즈키 히로시 작사·작곡				"	3:45
(8) 스미오마갓타타		스즈키 히로시 작사·작곡				"	4:20
(9) 테이진노사토		스즈키 히로시 작사·작곡				"	3:45
(10) 아이토세이노호스피타루		스즈키 히로시 작사·작곡				"	5:10
(11) 와가마치@스나가와		스즈키 히로시 작사·작곡				"	2:58
(12) 호시노 다이아몬도		스즈키 히로시 작사·작곡				"	3:38
1-10 Hiroshi Suzuki		All: Arranged by Hiroshi Suzuki &Jun Kamimura				KPJ Inc.	
11 다베다-에보397		except11 arranged by Y.Takahashi				LOVEJAPAN	Total Time
12 ueko		Produced by Hiroshi Suzuki			일본음악저작권협회		44:43
		℗2003MI Entertainment INC,				from Fantasy to Reality	

〈선전기획서〉

· 신보편성회의를 통과해, 발매일이 결정된 「상품·아티스트」에 관한 선전프로모션을 사내에서 확인하기 위한 서류

· 해당상품에 관하여, 우선 상품과 그 상품의 매상목표를 제시, 선전의 컨셉을 설명한다. 첨부서류로서 세로축에 미디어·가로축은 시계열(時系列)로 구성하고, 가운데 구체적인 선전 전개 방법을 쓴 프로모트 내용의 일람표.

· 각 상품의 담당자가 쓴 것에 대해서는 섹션장(최종선전부장)이 책임을 진다.

· 미디어의 구분은 아래와 같다.

① 전파매체 : ⓐ TV ⓑ 라디오 ⓒ 위성(BS)
② 활자매체 : ⓐ 음악전문지 ⓑ 일반잡지 ⓒ 신문
③ 기타 : ⓐ 레코드점 ⓑ 유선방송 ⓒ 홈페이지 ⓓ 콘서트

이 표의 가운데에 광고(유료선전), 퍼블리시티(선전맨에 의한 판매), 타이업(CM, TV테마곡, 영화 등)이 쓰여 있다.

● **법무부**(Business Affairs)

아티스트 계약, 원반계약, 저작권관리 그 외 법률상의 관리업무를 행한다.

● **영업부**(Sales Department)

유통(Distribution)을 관리하는 부문. 자사에서 판매를 행하고 있는 회사의 경우, 전국각지의 영업소를 총괄한다. 이니셜(초회출하)이 아티스트와 그 작품의 히트에 특히 중요하기 때문에 전국 세일즈맨의 발주 수를 정리조사, 점용주문서 작성, 판매 동향의 관리를 행한다. 또 매장의 POP·포스터 등 아티스트 이미지를 고객에게 직접 판매촉진활동을 하는 창구가 되는 부문이다.

• **관리부**(Administrations Department)
경리, 인사, 총무관계의 일을 행한다.

디자인 부문은 제작부에 있거나 관리부·영업부이거나 회사에 따라 달라진다. 디자인 부문이란 '케이스' 즉, '부속품'의 제작을 행하는 섹션이다. 부속품은 ① 내부·슬리브라 불리는 CD상품 패키지의 겉과 속이 맞닿는 인쇄부분, ② 해설서와 라이너라 불리는 가사, 사진 소책자 등의 인쇄부분 ③ 케이스, 부록 등에 나뉜다.

디자인 부문의 담당자는 A&R과 협력하여 ① 사진이나 라이너 등의 표재를 모으고, ② 인쇄회사에의 발주, ③ 교정, ④ 공장의 납입 지시, ⑤ 디자인 표재의 관리 등을 행한다.

실제로는 이러한 메이저 계의 회사가 몇 개의 자사 라벨(그 안쪽의 인디색, 개인 프로듀서 색이 강한 물건을 커스텀 라벨 Custom Label이라는)을 소유, 각각의 라벨에서 CD를 발매하고 있다.

☞ **메이저 계열 회사**

포리스타 레코드는 '유니버셜 레코드의 자회사'이다. 혹은 '유니버셜 계열의 회사'라는 말로 일컬어진다. 마찬가지로 테이틱 엔터테인먼트는 빅터 엔터테인먼트가 자본을 출자하고 있으므로, '빅터의 자회사'라고 말한다. 더 작은 라벨(커스텀 라벨)을 100%자회사로서 독립시킨 경우도 있다.

☞ **메이저와 판매위탁계약하고 있는 독립계 회사**

매우 작은 레코드 회사에서 거대회사까지 포함한다. JAZZ 등을 제작하는 작은 레코드 회사가 독자의 라벨을 가져 제작하고, 그 판매를 메이저에 위탁하는 것이 전형적인 예가 된다. 거대회

사 등은 예를 들어, B'z가 소속한 룸즈 레코드이다. 룸즈 레코드
는 워너계의 Distribution(판매망)을 이용하고 있는 독립계 회사이
다. Glay가 소속한 Unlimited는 도시바 EMI의 판매망을 이용하는
독립계 회사가 된다.

> 예 : 버밀리온 레코드 : B'z(워너)
> Unlimited : Glay(도시바 EMI)
> MS레코즈 : Dream's come true(도시바 EMI)

☞ 인디(인디펜던트)

일반적으로 말하듯 본래 의미는 독립계회사이다. 통판 또는
매장에서 직접 판매를 위탁하는 등 독자 판매를 위탁하는 등 독
자적인 판매 루트를 가지며, 제작에서 판매까지 메이저와 완전
히 독립되어 있다.

메이저에서 인디까지, 각각의 회사가 강점과 약점을 가지고
있다. A&R의 이동, 매상동향(히트 상황) 등을 자신의 작품이 가
고자 하는 바를 생각해가면서 레코드 회사를 선택해야 한다. 특
히 경리 상황을 파악하는 것, 또는 한쪽에 대한 지불조건(특히
반품의 취급기준과 지불시기 관계)은 명확히 해두는 것이 중요하다.
자신의 음악 스타일과 라벨·이미지를 합치하는 것도 매우 중
요하지만 적어도 '유통 판매를 메이저에게 맡겨두는 레코드 회
사'를 선택하는 쪽이 더 현명하다. 고객을 위한 CD, 레코드 매
장에서 얼만큼 취급받을 수 있는가가 당신 작품의 성패를 쥐고
있다. 따라서 레코드 매장에 대해 힘을 가지고 있는 레코드 회
사를 선택하지 않으면 CD를 내는 의미가 없다.

레코드 회사가 가지는 권리로서의 저작인접권

편성표(라벨 카피)의 원반번호(매트릭스 넘버)를 부여하고 원반 제작이 완료한 시점에서 레코드회사는 저작인접권으로서 이하의 권리를 가진다.

☞ 레코드 복제권

원반에서 프레스에 따른 복제뿐만이 아니라 상품화 된 CD를 이용해서 방송에 내보내고 그것을 수신하여 녹음한 경우도 포함 된다(사적이용은 허락된다).

☞ 대여권·대여보수청구권

레코드 대여업자는 신보 발매 후 1년간은 레코드 회사가 허락 하지 않는 한 CD를 대여할 수 없도록 되어 있다. 레코드 회사 는 대여업자로부터 대여사용료를 받을 수 있다.

☞ 2차사용료 청구권

레코드 회사는 방송국이나 유선방송국 등이 상업용 레코드 CD를 기본으로 음원을 이용해 방송을 행하는 경우(이것을 '원반 의 제3자 사용'이라 한다) 일본레코드협회를 통해 방송업자를 대상 으로 2차사용료 지불을 요구할 수 있다. 인터넷에서 음악을 이용하는 것도 이 권리의 범주가 되기 때문에 배신을 위해 이용하는 사람은 지불할 의무가 있다.

〈사용수속과 사용료 흐름〉

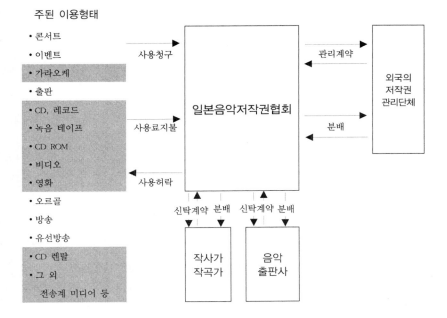

〈음악저작권(녹음권사용료)의 흐름〉

기일		명칭	일수(최장)	월수	일수(최단)	월수
					6/30발매	
	작가	히로시				
	레코드제작자	GEINO-SHA				
4/1~6/30발매	레코드 회사	일본 벡터	0	0	0	0
6/30보고			90	3	0	0
8/30입금			150	5	60	2
	저작권협회	일본음악저작권협회				
9/20보고			170	5.7	80	2.7
9/25입금			175	5.8	85	2.8
	출판사	GEINO-SHA출판부				
9/30보고			180	6.0	360	12.0
11/30(까지)입금			240	8.0	420	14.0
	작가	히로시				

제1회분의 입금 이하, 3개월마다 계산된 입금이다.

〈원반권사용료의 흐름〉

기일		명칭	일수(최장)	월수	일수(최단)	월수
					6/30발매	
	레코드제작자	GEINO-SHA				
4/1~6/30발매	레코드 회사	일본 벡터	0	0	0	0
6/30보고			90	3	90	0
8/30입금			150	5	60	2
	레코드제작자					

제1회분의 입금 이하, 3개월 혹은 6개월마다 계산된 입금이다.

제3장

음반계약

아티스트 측에의 로열티 지불 방법

> 로열티 : 음악 비즈니스를 말하는 것이 즐거워진다.

'꿈에서 본 인세 생활', 누구라도 한 번이나 두 번은 생각 한
다. 밴드의 일원으로서 아티스트 인세를 받는다면, 신인 그룹의
경우 당신의 수입은 CD 가격의 1%를 멤버 수로 나눈 것에 지나
지 않는다. 더구나 반년에 한번 예를 들면 4월 1일부터 9월 30
일까지 분을 집계한 11월 30일에 납부될 뿐이기 때문에 편의점
의 아르바이트 수입 쪽이 득이 되는 것이다. 그럼 가령 큰 히트
작품을 출시하고 꿈이 실현된 경우는……그것은 큰 수입이 되기
때문에 지금부터 계산해 두는 것도 좋다.

〈원반 로열티의 계산기와 지불하는 날〉

계산기	분배대상원상	분배월일
1기	4월부터 9월까지의 출하 수	11월 30일
2기	10월부터 3월까지의 출하 수	5월 30일

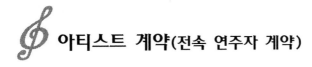

아티스트 계약(전속 연주자 계약)

음악 비즈니스 중에서 가장 중요한 계약의 하나가 아티스트 계약이다. 비틀즈나 CAROL(캬로루: 일본의 전설 록밴드로 1972년 데뷔해서 1975년 해산)의 시대는 아티스트의 입장이 불명확한 채로 그것이 팔린 후에 문제가 되어 레코드 회사와 아티스트의 분쟁이 일어나 나눠 갖게 되었다는 사례도 있다. 요즘 계약은 반대로 아티스트 측이 강해져 잘 팔리고 있는데도 적자라고 하는 레코드 회사가 잇달아 늘어나는 사례도 눈에 띄었다. 본래의 입장은 50% 대 50%라는 것이 타당한 계약의 형상이다.

설마 토니 블랙스톤이 파산?

2001년 5월 7일 CNN뉴스를 보았다면 유니버셜계의 여성 뮤지션이 레코드 회사를 소송하고 있었던 사실을 알고 있을 것이다. 7년간에 7매의 앨범을 발매, 레코딩 요금은 선불인세로 아티스트가 유니버셜에 지불함에 관계없이 원반권은 레코드 회사에 있다고 하였다. 돈 헨리가 TV 인터뷰에서 아티스트를 옹호한 코멘트를 했다. 「신출내기의 아티스트가 레코드 회사로부터 사인(계약)을 받는다면 이유도 알지 못한채 사인하고 끝나는 것은 당연하다.」 그래서 그 후, 예를 들어 비디오 클립을 내보내면서 소개된 것이 토니 블랙스톤이었다. 「저렇게 유명한 그녀가 파산 상태에 있다」고 하는 코멘트가 끊이지 않았다. 「언브레이크 마이 하트」, 「스파니츄 기타」 등이 익숙한 것으로 필자도 가장 좋아하는 보

컬리스트에게만 주의를 기울였다. 크라이브씨는 별로였다. 토니 블랙스
톤은 크리이브 데이빗의 아리스타 아티스트에 있고 이 또한 존경에 마
지않는 안토니오 리도의 라피스 라벨이 성장한 아티스트 뿐이다. 안토
니오 리도는 수년 전 마카오에서의 BMG 국제회의에서 자신의 라벨 라
피스의 프레젠테이션을 했다. 「아티스트의 재능을 믿는다」는 것을 열
변하는 모습은 감동적이었다. 밤은 호텔의 플로어를 클럽에서 보면서
리도가 DJ로 된 접시를 돌리고 라피스 계의 아티스트와 함께 모두가 노
래를 부르고 춤추며 즐거운 회의가 된 것이었다. 음악 프로듀서의 스타
일은 최고의 본보기라고 항상 생각하고 있다.

　단지 여기에서 아티스트와 레코드 회사 간에는 프로덕션(음악 사무소)
이 있어서 프로덕션이 레코드 회사와의 사이에서 아티스트 계약을 맺는
것이다.

　문제는 아티스트 계약의 내용에 있고, 프로덕션의 책임자의 인식에
있는 것이다. 단순히 아티스트와 레코드 회사의 대립을 도식화하여 일
반 시청자를 겨냥한 TV제작자의 의도도 읽어야만 한다.

　여기서도 지미 헨드릭스가 벌어들인 돈이 매니저인 바하마의 계좌로
사라지고 만년인 엘비스 프레슬리가 팡거 대좌의 짜 맞춘 쇼 스케줄에
생명을 없애려고 했던 것 등도 상기하면 아티스트에 있어도 음악 비즈
니스의 「기초만은」 배워야만 한다고 느낀다.

　「레코드 회사가 원반 제작료를 부담하고 그 소유권을 지속한 '레코드
회사 원반'의 경우」 더욱 더 「아티스트 측이 자신의 소유하는 원반을
가진 레코드 회사와 계약하는 '원반 양도' 혹은 '원반공급'의 경우」라 하
는 전제의 이야기로서 각각의 경우의 원반 로열티에 따라 생각해보자.

　레코드 제작을 할 때에 아티스트 측(아티스트 혹은 레코드 제작자)은
레코드 회사의 레코드 매상으로부터 일정의 비율로 지불 받는다. 이 지
불은 레코드 회사와 아티스트 간에 협의된 「아티스트 계약」 및 「원반
양도 계약 혹은 원반 공급계약」에 기초하여 행해진다.

'아티스트 계약'에 기초한 인세 지불
-레코드 회사 전체 원반의 경우

아티스트 계약 중에는 계약 시 정해진 '계약금'의 지불이 있다. 실제 이 계약금이 비싼 정도에 따라 여기에서 말하는 아티스트 로열티는 낮아지는 관계에 있다. 여기에서는 레코드 회사에 100% 원반 소유권이 있고(레코드 회사 전 원반), 레코드 회사가 원반 로열티로서 아티스트에 아티스트 로열티를 지불하는 경우의 계산에 따라 서술한다.

알기 쉽게 하기 위해 세금 포함 정가 2,700엔의 CD를 예로 들어 설명해 보자.

뉴 아티스트, 즉 과거에 메이저와 레코드 계약을 한 적이 없고 1만 장 이상의 레코드를 판 것이 아닌 경우 메이저와 아티스트 사이에 계약상 발생하는 아티스트 로열티 비율은 1%(1장 당 약 24엔=2,700엔×0.9×0.01)가 보통이다.

시장에서 확인된 기존의 아티스트 즉 과거에 가령 1개 타이틀에 5만 장 이상 팔린 앨범을 낸 실적이 있는 아티스트의 경우라면 2%를 교섭으로 얻을 것이다.

슬라이드 식으로 로열티가 올라간 계약 방법도 있다. 예를 들어 최초 5만 장까지가 1%(24.3엔/매), 다음의 30만 장까지가 2%(48.6엔/매), 30만 장 이상은 4%(97.2엔/매)로 하는 형태이다.

'원반 양도 계약'에 기초한 지불
-아티스트 측 전체 원반의 경우

아티스트 측(소속 사무소 혹은 음악 출판사 등)이 원반권을 보유하고 있는 경우(레코드 회사로 부터로 보면 외부 원반의 경우), 매상에 따라 레코드 회사로부터의 원반 사용의 대가라 하는 지불, 즉 원반 로열티를 아티스트 측이 받는 것이 된다.

원반의 시장가, 즉 레코드 회사가 어느 정도 벌어들었느냐에 따라 인세율이 정해지지만, 11%부터 17%라 하는 것이 하나의 표준이 된다.

주의해야 하는 점은 15%로 계약했기 때문에 2,700엔의 상품이 1장 팔린다면 405엔(=2,700×0.15)이 아티스트 측(원반 측)에 들어온다는 단순한 도식은 성립하지 않는다. 좀 더 감액된 요소가 있다. 케이스비 공제와 출하 공제가 그 감액 항목이 된다. 계산 결과는 1장 당 원반 로열티는 405엔이 아니라 약 324엔(=405×0.9×0.9)이 된다.

☞ 케이스비 공제 10%

단순하게 말하면 1만 장의 공장 출하가 있어도 9천 장의 출하로 계산된다는 것이다. 디자인이나 재킷·CD·케이스·슈링크 포장까지 그 제작·제조비용은 레코드 회사가 부담하고 사용권을 가지고 있다. '1할을 가져와서 아티스트는 손해를 보게 된다.'라는 문제에 부딪히게 된다.

> 1장당 공제액은 270엔. 기준분가격은 2,430엔이 된다.

(「세금포함 가격」의 10%로 270엔의 계산 기준 액이 감액된다.)

가령 '로열티 단가는 얼마인가' 하는 계약에 관한 교섭이 생기는 경우, 세금 포함 가격 2,700엔의 상품의 1% 로열티 단가는 24.3엔이 된다. 즉, 출하공제 하기 전의 숫자 케이스 비용 공제만 된 숫자인 24.3엔이 '로열티 단가'라 불린다.

☞ 출하공제 10%~20%

영업소 출하수의 10%(20%)가 마켓으로부터 반품되어 돌아오는 것을 전제로 하여 계산된다.[1] 최근에는 가게도 세일즈맨도 과거의 컴퓨터로 산출한 실적을 기초로 첫 회 출하수를 산정하여 더 그것을 발매하지 않도록 한다. 일반적으로는 10만 장 이상 판매된 것이라면 5%정도가 반품으로 들어오지만 5천 장 정도의 첫 발매, 특히 신인상품의 반품은 40%정도가 되는 것이 현실이다. 아티스트가 숙지해야 하는 점은 자신의 레코드가 나왔다고 해도 가게에서 고객이 사 주지 않으면 출하된 것 모두가 반품되어 돌

---

[1] 당신이 만약 미국의 레코드회사로부터 레코드 데뷔했다고 하면, 출하공제는 아니고, 정미매상에 대해 지불이 이루어진다. 단 정미매상이 확정한 기한이 길어졌기 때문에, 지불이 미루어지게 되는(늦어지는) 것이 보통이다. 즉 아티스트 로열티 및 원반 로열티 분액의 20%가, 리저브(reserve)로서 2년간 레코드회사에 맡겨지게 되고, 그 사이에 반품이 있으면, 반품 차액분을 공제하여 2년 후에 잔액이 지불되는 것이 된다. 해외 레코드와 원반공급(라이센스) 계약을 체결하는 경우에는, 선불 인세 교섭이 불가결한 연유이다.

아오는 경우도 있다는 것이다. 이 반품이라는 물류가 발생한 경우, 레코드회사는 물류회사에서 가게로부터 공장에 반품된 상품을 움직이는 경비를 지불해야한다. 즉 순 매상이 내려가는 것뿐 아니라 물류 경비 부감이 증가되지 않는 것을 의미하는 것이다. 더욱이 이미 출하시점에서 레코드 회사가 일본음악저작권협회에게 지불한 음악저작권료는 되돌아올 이유가 없으므로 반품은 레코드회사에게 있어서 큰 손실의 근원이 되는 것이다.

현실적인 시장 감각으로 인해 반품률은 이미 확립(establish)되어 결국 '발매만 하면 항상 10만 장 이상 팔리는 아티스트'는 5% 정도의 반품률, 신인그룹은 20%에서 50%정도 일지도 모른다고 생각하면 된다. 또한 전 작품이 대히트한 아티스트 작품일수록 반품의 가능성도 높다(가게 혹은 영업 관계자는 전 작품의 매상에 준하여 매입수를 결정하기 때문)라는 것이 통례이다.

케이스비 공제와 출하공제를 합하면

> 1장 정도의 기준가격은 (2,430×0.9=)2,187엔이 된다.

☞ 선불금(선불원반인세)이 있는 경우

실제의 매상이 발생하기 이전에 원반 로열티의 선불이 돈으로서 선불금(advance)이 레코드 회사로부터 아티스트측에 지불되는 경우도 있다. 레코드 아티스트 측의 원반임에도 불구하고, 아티스트 측이 레코드회사로부터 돈을 빌려 원반제작을 행한 형태이다[2]. 통상 선불금으로서 아티스트에 직접 지불되는 것이 아니

---

2) 아티스트측이 자신의 원반을 100% 출자하여 제작을 완료해, 그 제작료분을 레코드회사로부터 원반인세의 선불·선불금으로서 수취한 케이스가 있다.

라, 레코딩 코스트에 충당되는 돈으로서 레코드회사로부터 직접 스튜디오 등의 관계 회사에 지불하는 형태가 되어 아티스트가 직접 돈을 손에 넣지는 못한다. 이 경우 선불금이란 '아티스트측이 자신의 신용으로 자신의 원반을 제작하기 위해 음원제작료를 레코드회사로부터 빌린 돈'이라는 것이 된다.

그래서 실제로 매상이 오르고 나서도, 지불 원반인세는 선불금의 금액을 넘을 때 까지는 지불로서 발생하지 않는다. 선불 인세의 전액에 상당하는 원반인세를 발생시키는 과정을 '리쿠프(recoup : 손실 등을 되찾는다는 의미로 투자 등을 할 때의 원금을 되찾는다는 뜻)'라고 한다. 아티스트는 작품이 히트하여 선불금을 되찾으면 그 후에 레코드회사로부터 돈을 받게 된다.

어림잡아서 한 계산에서는 만일 앨범 제작료로 1,500만 엔을 낸 경우, (1,500만 엔÷324엔=)46,000장 팔릴 때까지 아티스트측(사무소측)에 레코드회사로부터 지불은 발생하지 않는다는 계산이 된다.

또 무상으로 CD나 그 외의 패키지로 당신의 작품(음원)이 사용되는 경우, 가장 좋은 예로 샘플 음반의 경우에는 아티스트 로열티가 발생하지 않는다(저작권 인세는 샘플음반에서도 공장출하매수에 따라 발생한다).

☞ 샘플음반에서 원반인세는 발생하지 않는다

아티스트에게 있어서는 불행한 점으로 샘플음반이 중고음반점 등에서 판매되는 케이스가 간혹 있다. 이것은 절대 허용되지 않는 것으로 레코드회사 측에서도 샘플에 넘버링하고 누구에게 나눠준 샘플인지를 체크하는 등의 대책을 세우고 있지만 아티스트에게 있어서는 자신의 작품이 시장에 떠돌아다니게 되므로 참 어처구니없는 이야기이다. 진정한 음악팬이라면 샘플음반은 절대로 사지 말아야 될 것이다.

☞ 내가 만일 성공한다면 얼마나 벌게 될까

이제 흥미로운 화제로 분위기 전환해 당신이 만일 성공한 아티스트라면 어느 정도의 수입이 있을까 계산해보자.

만일 자신(실제로는 자신이 소속되어 있는 사무소)이 15%의 원반권을 가지고 정가2,700엔의 앨범CD가 50만 장 팔렸을 때 선불금을 1,500만 엔 가지고 있어도 45만 장분의 원반 로열티가 들어온다.

324엔×45만 장이기 때문에 1억4,580만 엔이 된다. 실제로는 콘서트에서의 연주료, 머천다이징료나 송라이터로서의 수입이 더해지기 때문에 재벌의 반열에 들게 된다고 해도 과언이 아니다. 대 프로듀서(히트 전에는 「대」는 붙지 않았다)에게도 2%의 로열티를 50만 장 분 지불할 필요가 있지만 상기의 1억4580만 엔 내에서 할당된 약 1,940만 엔(=14,580만 엔×2÷15)을 지불하는 것이 된다.

☞ 프로듀서 로열티

프로듀서 로열티 지불은 원반소유자에 의하여 행해진다. 기본적으로 원반소유회사가 행하는 것으로 단순하게 레코드 회사로부터의 지불이 되는 것은 아니다. 보통 원반회사는 원반인세수입이 들어오는 것으로 지불하는 것이 아니라, 예를 들어 원반제작 종료 시에 프로듀스인세 2%의 2만 장(1장당 21.87엔×2로 약 44엔) 88만 엔을 원반회사가 프로듀서에게 지불하고, 그 후 CD의 매상이 2만장 이상에 도달한 정도에 한하여 3개월마다 추가 지불하는 것이 된다. 물론, 이 경우 2만 장이 팔리지 않으면 88만 엔에 대한 반환 의무는 프로듀서에게 없다.

프로듀서 중에서도 사운드면 뿐만 아니라 라벨 콘셉트부터 아티스트 콘셉트까지 관계된 다량의 스튜디오도 소유하고 있는 프로듀서의 경우는 레코드회사로부터 프로듀스 인세가 직접 프로듀서에게 지불되는 경우도 있다.

☞그 외의 상품형태의 원반 로열티에 관하여

● 특판상품

레코드회사의 부서명으로 이른바, 기획개발부라던가 패밀리 클럽이라는 섹션으로 제작 및 판매되는 것으로 '특판상품' 혹은 '클럽 세일즈 상품'으로 호칭되는 것이다.

기존 발매 상품과 같은 원반을 2차사용하는 경우, 원반 로열티는 기본 비율의 50%가 평균적인 숫자이지만 보통은 레코드회사(발매처)가 클럽 세일즈의 회사(판매처)로부터 얻은 원반 로열티의 50% 이내라는 상한이 정해져있는 것이 일반적이다. 아티스트 측에 마이너스 요소로 보면 레코드회사 또는 팔리지 않은 아티스트의 작품이 특정 아티스트의 인기로 '무임승차'되는 케이스도 있다. 그렇기 때문에 팔리고 있는 아티스트로서는 자신의 아티스트 생명을 짧게 할 뿐 득이 될게 없다는 마이너스 측면도 고려하지 않으면 안 된다.

● 컴필레이션(편집물)

보통 같은 레벨인 몇 명의 아티스트 작품을 옴니버스(음)반으로서 동일한 패키지로 묶는 것을 말한다. 로열티는 참가 아티스트에게 분배된다.

• 견본(음)반

순수한 프로모트용 샘플로서 제조되는 경우, 로열티는 발생하지 않는다.

• 프리미어(음)반

어떤 특정 상품에 부록으로 CD가 부착되어 있는 경우(예를 들어, '오늘, ☆☆를 5,000엔 이상 사면 선착순 5,000명 고객에게 ○○의 특별한정 CD를 증정' 하는 경우)가 프리미어 레코드이다. 로열티는 레코드회사가 특정 상품의 회사(클라이언트 측; 실제로는 대리점)로부터 수취한 금액의 50%가 된다. 아티스트로서는 이 종류의 기획은 「아티스트의 허가 없이는 실현할 수 없다」는 것을 계약서에 명기해야만 한다.

• 영화의 사운드트랙음반

영화의 사운드트랙(음)반에 자신의 원반으로부터 악곡이 2차사용 되는 경우, 원반 로열티는 기본 비율의 50%가 된다.

• 홈 비디오 세일즈

일반적으로는 비디오의 도매가격의 10%가 된다.

• 베스트(음)반

이 경우의 로열티는 수록곡이 처음 발매된 시점의 계약에 기초해 1곡씩 계산된다.

• 해외(음)반으로부터의 로열티

일본의 아티스트의 작품이 미국·캐나다에 수출되는 경우 기본 레코드의 50%가 보통.

이것은 메이저 레코드회사면 일본과 미국 사이에 라이선스 동

의가 체결되어 있어, 그것에 명기하는 퍼센트 숫자가 엄밀하게
적용된다.

• 음원의 공공 장소에서의 사용 : 제3자 사용

예 1) 비행기의 국제선의 기내방송 프로그램에서 1악곡이 1개
월간 사용된다. 허가료로는 프로그램 제작자로부터 레코
드회사에 3만 엔이 지불된다.

예 2) TV의 CM으로 1악곡이 3개월간 사용된다. 허가료로는 CF
제작자로부터 레코드회사에 200만 엔이 지급된다.

예 3) 시판 비디오로서 발매되는 상품에 1악곡이 싱크로되어
사용된다. 허가료로는 영상제작회사로부터 레코드회사에
50만 엔이 지불된다.

이러한 허가료의 분배는 원반계약이나 아티스트 계약에 기초
하여 행해지는 것이다. 보통 분배율로서 기준이 되는 것은 아티
스트 20%, 레코드회사 20%, 원반권소유자 60%가 된다.

아티스트 계약 체결 시의 키 포인트

계약의 퍼센트에 대해 대략 알게 되었다면 이번에는 실제 레코드회사와 계약을 체결할 때의 키포인트에 대해서 살펴보겠다. 아티스트 측의 지갑과 레코드회사의 지갑, 어느 쪽 지갑이 얼마나 더 두툼해지는가에 관한 이야기가 될 것이다.

'아티스트 계약'을 한마디로 말하자면 레코드회사가 원반을 가지고 (100%레코드 회사 원반) 아티스트와는 단순히 '전속계약'을 체결하는 경우부터 아티스트 사무소가 원반을 가지고 (100%사무소 원반) '원반계약'을 체결하는 경우, 또한 레코드회사와 사무소가 돈을 각각 내어 원반을 소유하는 형태(공동원반)까지 다양한 케이스가 있다.

여기서는 일반적으로 가장 필요하다고 생각되어지는 아티스트가 레코드회사와 계약을 맺기 전에 사무소와 변호사(법무의 전문가)와 협의할 때 검토해야할 포인트를 서술하고 있다.

· 아티스트 계약금의 금액과 지불 방법

예를 들어 설명하면 계약기간을 만일 2년으로 한다면 월 100만 엔으로 2,400만 엔이 일괄적으로 지불되어지는 경우와 '육성금'이라는 명목으로 매월 100만 엔이 2년간에 걸쳐 지불되는 경우가 있다. 물론 금액은 매상 포함이기 때문에 역산되어 예를 들자면 2년간(4억 엔, 정가 각 2,000엔의 CD 환산으로 약 20만 장) 정도 팔린 아티스트의 경우의 금액이 된다. 또한 이 4억 엔 매상이 달성되지 않은 경우라도 부족한 매상액에 대해서 2년 후에 아티스트로부터 레코드회사에 계약금 반환의무가 주어지는 것은 없다. 물론 실제로는 레코드 회사가 독자적인 지불 기준을 가지고 제시하는 지불방법 및 금액이 된다.

• 계약기간과 추가기간(옵션 기간)

데뷔 앨범의 발매일로부터 기간을 산정해서 2년이 통상 계약기간이 된다. 또한 1년간의 추가 우선계약기간3) 즉 퍼스트 옵션에 따른 계약기간이 계약 레코드 회사에게 있다. 아티스트 로열티의 비율은 이 기간이 된다. 계약 갱신 시에 아티스트로서는 옵션기간을 1년 이내로 하며 옵션 기간 내에 발매하는 작품의 로열티는 전의 조건보다 높도록 교섭해야 한다.

• 레코드 발매

레코딩 계약이 단순히 성립했다고 레코드가 실제로 발매되는 것으로 결정된 것은 아니다. 당신이 **발매한다고 하면** 계약상대의 레코드회사에서만 발매 가능하도록 정해져 있기 때문이다. 레코딩이 종료하고 마스터가 완성되어 있음에도 발매의 의사가 없는 경우는 다른 레코드 회사에서 발매 가능하다는 권리조항을 추가해 두어야 한다.

• 선전 및 초판 출하

당신의 작품이 죽느냐 사느냐는 광고에 달려있기 때문에 가능

---

3) 이른바 '퍼스트 옵션'이라고 불리는 Deal. 계약갱신 시 다른 레코드회사와 계약하고 있는 경우라도 기 계약 레코드회사가 첫 번째의 계약 교섭권을 가진다.

한 한 라디오·TV·잡지 광고 등에 구체적으로 얼마나(혹은 매상액에 따라 그 몇% 이상) 예산을 정할지를 명기해 두어야 한다.

특별한 조건이 있는 경우는 다음과 같은 부분도 알아두어야 한다. 예를 들어 외부의 선전 스태프를 당신이 직접 의뢰해서, (레코드 회사의 선전 담당자가 관리 불가능하여) 레코드회사의 선전 담당자가 관리 불가능하여 라디오 프로그램의 제작회사에 대한 프로모션을 의탁함으로 인해 그 비용이 발생한 경우에는 그 비용을 레코드회사에게 받아야 한다.

투어는 레코드를 파는 가장 직접적인 방법이지만 동시에 돈을 잡아먹는 수단이기도 하다. 이른바 앨범 발매기념 투어라고 한다면 100% 레코드 회사의 예산으로 이루어지도록 투어 서포트 받도록 해야 한다.

비디오 클립의 제작에 대한 계약 조항은 미디어의 변화에 대응해 점점 늘어나는 상황에 있으며 레코드 세일즈에 있어서 PV에 따른 프로모션의 중요성이 높아지고 있다.

● 커플링과 컴필레이션

당신의 악곡음원이 다른 아티스트의 악곡음원과 커플링 되어 나오거나 당신의 음원 몇 개가 재편집되어 릴리즈 되거나 당장의 세일즈를 목적으로 상품이 기획되는 경우가 있다. 그런 경우는 모두 당신의 허락이 필요하다고 확실히 명기해 두어야 한다. 아티스트 생명을 짧게 하도록 하는 기획은 결코 허가해서는 안 된다.

● 영역[테리토리 : Territory]

'전세계' 월드와이드에 대한 발매권은 레코드회사가 가지는 것이 보통이며, 아티스트 계약서에는 명기되어 있다. 만일 특별히 USA에 당신의 작품이 발매되는 다른 강력한 루트, 레코드회사가 있다면 '미국 합중국을 제외한 전세계'라는 표기로 바꿔 둘 필요가 있다.

● 경리계산 및 결산

레코드회사에서 정기적으로 당신의 레코드 세일즈 숫자나 아티스트 로열티, 혹은 당신에게 청구명세란 것을 받은 경우가 명기되어져 있는 것을 확인 하자. 또한 필요에 따라서 당신이 이러한 숫자를 레코드회사가 제출하는 것을 요구 가능하도록 계약서에 기재하자. 이에 따라 레코드회사가 허술한 경리처리를 하는 상황을 피할 수 있게 된다.

'원반공급계약'과 '원반양도계약'의 차이

로열티의 지불에 관해서는 원반공급계약에 있어서나 원반양도 계약에 있어서 취급은 완전히 동일하다. 그렇다면 이러한 두가지 계약 형태의 차이는 무엇일까. 간단히 말하자면 「원반공급계약」 이 레코드 제작자에 있어서는 원반의 사용권을 레코드회사에게 제한 가능하다는 의미이고, 권리를 레코드제작자에게 보다 많이 주는 것이 가능하다.

'원반양도계약'에서는 마스터의 소유권이 완전히 레코드회사에 게 이행된다. '원반양도계약'의 기간이 종료한 후에도 마스터의 소유권은 레코드 회사에 있기 때문에 마스터는 레코드회사의 자 산이 된다. 따라서 계약 종료 후에도 레코드회사는 레코드 제작 자에게 일절 관계없이 자유롭게 마스터를 사용한 상품을 기획·제작·발매 가능한 것이다.

이에 대해서 '원반공급계약'에서는 어디까지나 마스터 소유권 은 레코드제작자에게 있어 레코드회사는 '한정된 범위에서 마스 터(원반) 사용권'을 '한정된 계약기간' 소유하는 것이 된다. 따라서 계약기간이 종료한 경우 마스터는 레코드회사로부터 레코드 제 작자에게 환원된다.

실제로 제작 프로듀스 상에서 중대한 문제가 되는 것은 이 '사 용의 범위'의 해석이다. 먼저 '원반공급계약'의 경우 **레코드를 복**

제·발매하는 권리만 레코드회사에 없다고 생각해 '그 권리의 사용'에 대해 레코드 회사는 반드시 레코드 제작자와 상담해야 할 것이다.

위에 서술한 '그 외의 사용'이란 저작인접권·2차사용료청구권·대여보수청구권·사적녹음녹화보상금액청구 등을 말한다.

또한 '원반공급계약'에서는 그 원반의 사용범위를 아날로그 레코드·CD·비디오그램 등이라고 구체적으로 한정하고 있다. 비디오그램이란 비디오·레이저디스크 등의 AV작품이 포함되지만 DVD비디오와 같은 신발매상품은 특별한 코멘트 없이는 포함되지 않는다. 최후의 기준이 되는 것은 각각 계약 당사자·갑·을이 서로 납득·이해하고 있는 사항이 된다.

인디라벨

● **인디음반 발매회사와의 계약**

인디음반 발매회사와의 계약은 메이저아티스트 계약보다 10% 가까이 높은 원반인세가 설정되는 것이 통례이다. 원반은 아티스트가 가진 스타일마다 다양하지만 인디회사가 모두 부담하는 경우도 있다. 마케팅과 프로모션에 관하여, 아티스트 및 원반 또는 인디회사의 힘이 강하면 강할수록 높은 인세를 요구하게 된다. 인디회사는 아티스트 로열티의 지불책임을 가진다.

메이저면 월 100만 엔의 계약금이 기대되지만, 인디에서는 그 정도는 아니다(극히 일부 메이저 아티스트를 맡고 있는 인디는 예외이다). 그러므로 팔리는 경우의 로열티는 비싸지 않으면 수입의 균형을 잡기 어렵다.

또 라벨 소속 아티스트 모두에게 메이저 레코드회사가 관심을 가진 경우(예를 들어 유력프로듀서가 모든 아티스트를 다루고 있는 경우), 또는 인디회사가 히트 아티스트를 관리하고 있는 경우는 위탁계약은 아티스트의 작품뿐만 아니라 그 라벨의 모든 카탈로그, 아티스트가 대상이 되는 경우도 있다.

● **수익분배형의 거래**

메이저 레코드회사가 제조와 상품관리 및 판매행위만 행하고, 인디에 그것들의 비용을 청구해 수익이 있는 비율을 청구하는 경우가 있다. 매상 확보가 가능한 종류의 작품이라면 인디에 있어서는 자기 자신이 제작한 상품을 메이저에 일단 맡겨서 판매하는 편이 적절한 거래형태가 되지만 어느 정도 성공할 것 같은 작품으로 큰 판매촉진활동이 필요한 경우는 수익분배형의 거래가 바람직하다.

● 직접 판매거래

수입을 빠르고 확실하게 계획한다면 규모가 큰 도매업자에게 직접 팔아버리는 수도 있다. 예를 들어 2,000엔의 상품을 도매가격 900엔으로 전부 팔아버리는 거래이다. 이 경우 인디회사가 부담하는 것은 제조비·오버헤드(가책·임대비·세금·보험·수리비 등의 운용비)·아티스트 로열티·작가와 출판사에의 메커니컬 로열티(저작권 인세)·선전판매 경비 그 외가 있다. 따라서 도매업자로부터 받은 금액으로부터 그것들을 전부 차감한 것이 이익이 된다.

● 라벨명의 상표등록

이미 판매처 회사가 결정되어 있다면 다음에 당신의 작품 이름의 라벨부터 발매하는 것이 문제가 된다.

통상 큰 레코드점의 컴퓨터로 체크해 동일한 또는 유사라벨이 있으면 자신의 라벨명을 재고하게 된다.

단지 여기서 조금 더 깊이 비즈니스의 전개를 생각한다면 '상표등록'의 문제가 발생할 수 있다는 점인데, 이것은 머천다이징 전개를 상정할 때에도 중요한 요건이 되고, 시장에서 성공한 아티스트가 커스텀 라벨 활동을 시작할 때는 반드시 필요하게 되는 문제이다.

● 라벨의 '상표등록' 포인트

① 상표등록은 특허청의 관할로 이루어진다.

② 등록한 상품 또는 업종에 의해 34분류로 나누어져 있다.

③ CD레코드는 제28분류에 속한다.

④ CD용 음악 라벨을 조사(유사상표를 체크)·출원(특허청에 등록을 신청)·등록완료까지 약 10개월에서 12개월이 걸린다.

⑤ 등록유효기간은 10년간 또는 5년간으로, 기간 종료 전에 10년간 또는 5년간의 갱신수속이 가능하다.

⑥ 특허청에 지불된 총액은 1분류 1건 10년간 유효로 87,000엔.

⑦ 변리사의 수수료가 10만 엔에서 20만 엔.

⑧ 가령 스포츠용품과 패션용품을 포함하는 제20분류도 추가로 등록하는 경우는 단순하게 말하면 총액 20에서 30만 엔이 필요하다고 생각해도 좋다.

⑨ 메이저 레코드회사와 계약하게 되면, 그 회사 내의 적당한 담당자가 변리사 사무소에 의뢰해, 유사상표 체크 또는 등록수속을 해준다.

⑩ 인디계 라벨이라면, 변리사에게 직접 의뢰해 등록조사·수속을 받는다.

⑪ 인디의 퍼스널라벨이라면 이러한 수속 일체를 특허청에 스스로 신청하는 것도 가능(이 경우 음악 라벨상표 등록은 87,000엔으로 완료가능하다).

⑫ 만약 이 라벨이 널리 알려지게 되었을 때, 메이저가 이 라벨을 사용해 음원을 발매하고 싶다고 하면, 당신의 회사(또는 당신의 관계회사)로부터 그 메이저 회사에게 사용권을 고액으로 매각하는 것도 가능성하다고 생각된다.

⑬ 상표등록에 동반한 라벨 로고의 디자인은 출원 시에 제출한다.

인디라벨 활동시작의 메리트와 디메리트

요즘처럼 인디 붐이 일어나면, 인디라벨을 자기 자신이 만들어 한정된 판매루트에서 유통시킨다고 봐도 좋은 상황이 되었다. 즉 당신 자신이 발매처가 되는 것이다.

● 메리트

① 창조에 관한 부분에서 자유롭게, 순수하게 자신의 재능을 발휘가능하다[4].

② 1장 팔릴 때의 이득이 보다 크다. 손익계산에 관해서 사업유지비의 경비비율이 인디회사 쪽이 메이저 레코드회사보다 압도적으로 작다. 제조비에 관해서도 가장 저렴한 제조업자를 선택해 자비로 재킷 디자인을 하고, 레코드점에 두어 개인의 주문에 응해서 발송하는 등 '자비(自費)'가 포인트가 된다.

③ 아티스트 로열티에 한정하지 않고 저작권도 포함해서 아티스트 및 송 라이터에게 건네받는 사이의 경로—그것이 레코드점, 레코드회사, 레코드협회, 일본음악저작권협회이다—의 중간마진에 의한 착취를 피하는 방법을 선택한다.

---

4) 1969년 Zager&Evans라는 그룹의 Rick Evans가 쓴 곡 [서기2525년]은, 자주 제작레코드면서 6주간 전미차트 1위로 대히트했다. 그 후 RCA레코드와 계약했지만 빛을 보지 못하고 해산되었다.

● **디메리트**

① 선전, 특히 전국 전개의 퍼블리시티에 관해서 레코드회사의 힘을 이용할 수 없다.

② 법무·계약·음악 출판 등에 관해서, 레코드 회사에 상담할 수 없다.

③ 전국전개의 판촉활동, 특히 가게에서의 POP전개가 불가능하다

④ 레코드점으로부터의 반품에 제지를 가할 수 없다.

HiStandard의 관계회사가 가장 잘 알고 있겠지만, '순수하게 자신의 음악표현을 하고 싶다면, 그만큼의 대가가 필요하다'라는 점에서 보면 인디는 최고의 형태이다. '자신은 성공하고 싶다. 메이저의 계약 아티스트가 되고 싶다. 홍백가합전(한국의 가요대재전과 비슷하며 연말에 하는 음악계 최대 행사, 한국에서는 최근 BOA, 동방신기, SS501이 홍백가합전에 출연한 바 있음)에도 나가고 싶다. 세계 시장도 노리고 싶다'는 점을 중요시 하는 사람은 메이저와의 거래를 피할 수 없을 것이다. GLAY를 필두로 J-POP의 주축이 되는 아티스트의 다수도 인디로부터 발매를 거쳐 현재에 이르렀다. 음악이 좋으면 미래를 보고 아티스트활동을 하고, 미래를 향해 프로모션 활동을 한다면, 음악팬 그리고 음악업계는 당신을 인정하지 않을 수 없게 될 것이다.

메이저로 시작을 하기 위해서는 최소한의 시장가치가 있다는 것이 전제가 된다. 또 메이저로 계속 존재하기 위해서도 최소한의 매상실적이 레코드회사로부터 요구된다.

실제 사례를 든다면, 어느 엔카(한국의 트로트와 비슷) 아티스트 3인조 그룹이 2001년에 발매한 CD가 2002년에 전국 발매되었다.

지역 발매한 카세트 8,000매를 파는 것을 조건으로 11월에 우선 자주 제작판으로 신보를 발매하고, 약 3개월간 자신들의 주말을 전부 사용해서 로컬 캠페인을 반복해, 마침내 8,000매를 팔아 2월에 전국발매로 목표를 달성했다는 이야기다. '마고(곡명) / 오오이즈미 이치로(아티스트명)'가 우선 인디에서 발매되어, 4년간 8,000매를 판 시점에서 테이치쿠엔터테인먼트때문에 전국 발매되었다는 이야기와 8,000이라는 숫자가 일치해있다. 또 어느 팝계 걸그룹의 경우 메이저회사의 '5만 매를 팔지 못하면 아티스트의 계약은 갱신되지 않는다'는 기준에 의해 계약갱신 되지 않고, 자유계약이 되었다고 한다.

단순하게 아티스트 측에서 보면 인디에서는 이익 회수불가능, 바꿔 말하면 메이저와 계약하지 않으면 비즈니스적인 문제가 생겨 매상매수는 앨범의 20,000장이라는 것이 필자의 지론이다. 메이저레코드회사의 입장에서 말하면 20,000장이 팔리는 아티스트는 장사가 된다고 할 수 있다. 앞서 나온 걸그룹의 경우 기준은, 어디까지나 소문이라고 해도 50,000이라는 것은 너무 과장되었다고 생각된다. 또 인디에서도 메이저와 마찬가지로 선전·판매 수법에 필요한 금액과 인재가 준비되어있다면, HiStandard와 같이 40만 장 판매하는 것도 가능하다. 실제로는 대부분의 뮤지션이 이러한 인력과 돈을 가지고 있지 않다. '메이저 데뷔'야 말로 프로뮤지션의 증거이기 때문이다.

제4장

출판계약

출판계약 : 음악저작권 로열티

> 아티스트와 그 주위의 비즈니스. 대단히 시야가 넓어졌다

☞ 음악저작권은?

• 지적재산권

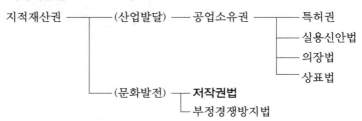

• 저작물 종류
① 소설·각본·논문·강연(언어 저작물)
② 음악저작물
③ 춤 또는 무언극 저작물
④ 회화·판화·조각 등 미술 저작물
⑤ 건축 저작물
⑥ 지도 또는 학술적 성격을 가지는 그림·도표·모형(도형 저작물)
⑦ 영화저작물
⑧ 사진저작물
⑨ 프로그램 저작물

● **저작자의 권리**

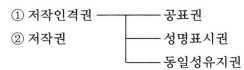

① 저작인격권 ─────── 공표권
② 저작권 ├───── 성명표시권
        └───── 동일성유지권

* 재산권 외에 관하여 일본음악저작권협회는 관리하지 않는다. 저작자인격권이 행사되어 발매중지된 앨범에 〈惑星 / 토미타 훈〉이 있다.
* 일본음악저작권협회에 돈을 지불했다고 해서 커버 작품을 제작할 수 있는 것은 아니다.

☞ **저작권**

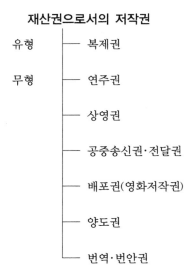

재산권으로서의 저작권

유형 ── 복제권

무형 ── 연주권

    ── 상영권

    ── 공중송신권·전달권

    ── 배포권(영화저작권)

    ── 양도권

    ── 번역·번안권

○○권은 타인에 무단으로 ○○되지 않는 권리

94

● **저작인접권**
그 주체
① 실연가 ·········· ＋보수청구권
② 레코드 제작자 ·········· ＋보수청구권
③ 방송사업자
④ 유선방송사업자

이미 한 번 CD작품으로서 공표된 악곡을 그 CD를 원소재로서 복제이용하려고 하면, ① 실연가 프로덕션의 사용료, ② 레코드 회사의 사용료, ③ 일본음악저작권협회의 사용료를 지불하는 의무가 있다.

● **실연가의 권리**
① 녹음·녹화권
② 방송권
③ 유선방송권
④ 송신가능화권

● **레코드제작자의 권리**
① 복제권
② 양도권
③ 2차사용료청구권
④ 대여권
⑤ 보수청구권
⑥ 송신가능화권

2002년에 들어서 지적재산권에 관한 교육이 일본 경제에 있어서 중요한 문제로 새롭게 인식되었다. 정부는 초등학교에서 특허 또는 저작권에 관하여 배우도록 규정하고 있다. 도쿄도 메구로구에 있는 필자의 사무소 근처 초등학교에서도 1학년 때부터 이미 1대의 컴퓨터가 설치되어 있어 그림그리기 컴퓨터 스타트라는 부분까지 배우고 있으며 하드에 연관한 지식이나 기술은 이미 교육시책으로서 실시되고 있었던 것 같다. 그런데 알고 보니 지적재산, 즉 소프트 또는 콘텐츠에 관한 교육을 하지 않고 있어 정부가 서둘러 소프트 교육도 하려고 하고 있지는 않을까 하는 생각이 들었다.

지적재산법에서 정하고 있는 법률은 크게 ① 산업 발달을 목적으로서 공업소유법전 4개의 법(특허법, 실용신안법, 의장법, 상표법)과, ② 문화 발전을 목적으로 한 **저작권법**[1] 및 부정경쟁방지법의 계 6법이 있다.

저작권법상에 대상이 된 저작물에는 음악저작물 이외에도 소설이나 춤·회화·영화·프로그램 등의 저작물이 있다.

음악출판자나 일본음악저작권협회가 관리할 수 있는 저작자의 권리는 재산권으로서의 음악저작권이 있고, 그 이외 음악저작자는 저작인격권으로서의 권리를 저작자 자신이 소유하고 있다.

음악저작물에서 발생하는 재산권으로서의 음악저작권은 크게 유형재산인 ① **복제권**(Mechanical Right)과 무형재산인 ② **연주권**(Per formance Right)로 나뉜다.

이러한 법률상의 '○○권'이라는 표기의 의미는 '타인이 무단으로 ○○하지 않는 권리'라는 것으로서와 같이 이해하여 내용을 파악하는 것이 편하다.

---

1) 저작권법의 내용은 일본저작권기구의 홈페이지에서 참조할 수 있다.
http://jca.net-b.co.jp/

'일본음악저작권협회에 사용료를 지불한다면 어떤 시중판매 곡에도 자신의 CG작품에 싱크로 하여 무료로 CD에 넣고 나누어주어도 좋다'는 것도 잘못된 것이다. 왜냐하면 **'저작인접권'**에 있어 ① 실연가(가수라면 소속사무소)와 ② 레코드 제작자(CD의 발매처 레코드 회사)에서 사용허락을 받아 사용료를 지불해야 하기 때문이다.

또한 일본도 WTO 가맹국을 모방하여 실제로는 미국에서의 강한 요청을 받아 1997년 이후는 무역협정의 견지에서 1997년부터 거슬러 50년 전, 즉 1947년 1월 1일 이후의 저작인접권을 보호하자는 협정을 받아들이고 있다. 이로 인해 1946년 12월 31일 이전의 저작인접권은 만료가 된다. 따라서 1947년 1월 1일부터 현재에 이르는 서양 음악에 관한 저작인접권은 이후로도 협정이 개정되지 않는 한 지켜져야 한다.

예를 들어 클래식 연주가에 의한 라벨(레코드 제작자)에 1947년에 녹음된 음원(LP레코드 또는 CD)을 복제한 CD를 판매하기 위해서는 그 연주가와 라벨에서 허락을 얻고, 각각의 권리자에 대하여 허가료를 지불하지 않으면 복제·판매를 할 수 없다.

☞ 음악출판사와 아티스트

아티스트나 작가의 입장에서 보면, 출판사가 왜 필요한가를 고려해 볼 시기가 있다고 생각한다. 주위 사람이 당신에게 '출판권은 확실히 해둬'라고 조언을 줄지도 모른다. 그 진짜 뜻은 무엇일까.

음악출판사의 일은 일본음악저작권협회에 악곡을 등록하고 관리하는 것 이외에도 많이 있다. 어떤 악곡의 사용에 해당하는 아티스트, 레코드 회사, 영화 회사, TV프로제작 회사, 광고대리점 등을 항상 경계해 두는 것이 좋은 출판사의 조건이라 말할 수 있다. 출판사는 이것들의 악곡사용자가 악곡을 사용하는 것에 따라 작가에 적절한 로열티 지불이 발생하도록 교섭을 한다(이용 개발). 당연히 부정 또는 무허가로 사용되지는 않는가를 체크한다(권리 보호). 해외 출판사도 서브 퍼블리션 계약을 맺어 해외에서 발생하는 인세를 회수하기도 한다. 이것들을 작가가 자신 혼자서 한다고 하면 좋겠지만 사실상 그러기 어렵다.

이 작가들의 악곡의 판매촉진과 악곡사용에서 생겨나는 인세의 수금작업의 비용, 수수료로서 출판사는 저작권수익의 3분의 1(남은 3분의 1은 작사가, 3분의 1은 작곡가)을 작가가 받는 것이 통례이다.

메이저의 출판사에는 방송국계(일본음악·후지 퍼시픽 음악출판·닛폰TV 음악 등), 레코드 회사계(빅터 음악출판·콜롬비아 음악출판 등), 프로덕션계(호리 프로·와타나베 음악출판 등) 등이 있지만 각각의 종합적인 수익을 올리도록 많은 부문을 포함하고 있다. 서류상 관리를 하기 위한 부문(법무·저작권·인세관리 등)에 더해 곡 이용을 부추기는 영업부문, 작가의 활동을 도와주는 제작 부문 등이 있다.

세계적으로 보면 EMI와 Warner / Chappel이 음악출판사 가운데서 가장 큰 회사 조직이다. 'Happy birthday to you'라는 노래가 TV라디오나 영화에서 흘러나올 때마다 출판사에 돈이 들어가는 구조로 되어 있다.[2]

---

2) 이와 관련하여 이 곡은 전시 가산(戰時加算)의 대상곡에 2007년 5월17일까지 일본에서 사용한 경우는 저작권료지불 의무가 발생한다. 일본의 서브 출판은 후지 퍼시픽 음악출판이 있다.

☞ 작가로서 출판사와 계약하는 경우

작가로서 당신이 출판사와 계약하는 것은 어떤 면에서 본다면 자신이 가지는 권리의 전부를 일단 출판사에 넘겨버리는 것이다.

실제로 **저작권계약서**(권말 자료 123~126페이지 참조)를 보면 알겠지만 '작품명'(작품명, 악곡의 타이틀)에서 시작하여 이 계약서에는 한 곡 한 곡에 관하여 권리내용을 서로가 확인하여 권리자(작사가·작곡가·출판자)가 서명·날인한 위에 일본음악저작권협회에 제출하게 된다[3]. 더욱이 등록이 완료된 뒤에는 계약 기간 중 3개월마다 출판자는 일본음악저작권협회 분배금에 대해 작사가에 상세히 보고한 후, 입금하게 된다.

저작권계약의 요점은 아래 4가지이다.
① 작가와 출판사의 권리 비율
② 계약기간
③ 영역
④ 계산기간(통상 3개월마다 연 4회)

---

[3] 음악출판자에 의한 자국작품의 일본음악저작권협회에의 작품신고서는 2002년 4월까지 인터넷에 제출(송신)도 가능하다.

예) 저작권인세(메카니컬·로열티)의 발생과 분배

오리지널 악곡을 포함한다
리코딩 완료 3월 5일

	작가계약	: 작가와 출판사 사이

CD발매 4월 21일

	일본음악저작권협회 등록	6월 20일 메가 메이드

징수·배분관리신탁

6월 30일 현재 출하
수(또는 매상) 보고가
레코드 회사에서 일본
음악저작권협회에 되
어 인세상당액이 9월
10일경 납입된다.

	제1회째 배분	9월 말경

	제2회째 배분	12월 말경

★ 작가가 영국인으로 영국저작권협회(MCPS)에 개인 등록한 경
우, 일본에서 최초로 그 악곡을 CD 발매 형태로 공표했다고
한다. MCPS를 통해 일본음악저작권협회 앞에 관리의뢰수속을
행하고, 6월 20일까지 일본음악저작권협회에 관리등록이 되게
한다. 이 경우 국내 작가라면, 또는 일본 국내 출판사가 그
영국인의 서브 퍼블리쉬로서 계약이 있는 일본음악저작권협회
에 악곡등록이 되어 있다면 제 1회 분배는 9월말에 완료되지
만, 일본음악저작권협회에서 영국저작권협회에 분배금을 송부
하는 형태라면 12월의 송부가 된다.

더욱이 영국저작권협회에서 영국인 작가의 송금수속이 있기
때문에 보통 국내작가(또는 서브 퍼브관리를 위탁 완료된 영국인
작가)의 경우, 4월 21일 발매의 인세는 9월 말에 발매 5개월 후

에 얻어지는 것이 12월 말인 그 다음 달로 즉 8개월에서 9개
월 후 입금이 된다.

★이상 CD 발매에 동반되는 녹음권료(메커니컬 로열티)이외에, 방
송이나 공연에 악곡이 이용되는 경우에도, 연주권료(퍼포밍 로
열티)가, 같은 방식으로 3개월마다 계산되어 일본음악저작권협
회로부터 징수된 후 계산기일의 6개월 후에 저작권자에게 분
배된다.

★유선방송에 관련해서는 4월에서 9월까지 사용되는 것에 대해
그 해 9월 말일에 권리확정, 다음 해 9월기 분배, 10월에서 3
월까지 사용되는 것에 대해서는 그 해 3월 말에 권리확정, 다
음 해 3월기 분배가 된다.

음악저작권(녹음권)사용료 계산기와 분배일(일본음악저작권협회의 경우)

계산기	분배대상 사용료	분배월일
1기	1월에서 3월까지 징수된 사용료	6월 25일
2기	4월에서 6월까지 징수된 사용료	9월 25일
3기	7월에서 9월까지 징수된 사용료	11월 25일
4기	10월에서 12월까지 징수된 사용료	12월 25일

가령 개인의 저작자로서 일본음악저작권협회에 등록되지 않은
시점에 레코드 회사에서 CD가 발매 되었다고 하자. 이 경우 발
매처 레코드 회사가 일본음악저작권협회에 저작권료를 지불하지
않은 경우는 그 이유를 조사하여 레코드 회사에 지불할 의사를
확인하고, 지불할 의사가 있다면 문서로 그 의향을 표명받고, 거
기에 전출의 저작권계약서와 작품신고서를 맞추어 일본음악저작
권협회에 제출한다. 이 경우의 작가의 분배청구는 CD발매로부

터 10년간 소급해서 인정받는다.

당신이 프로작가로서 활동하는 동안 가사의 한 구절, 두 구절을 바꿔 당신의 작품을 공동제작하고 싶다고 제의할 지도 모른다. 머라이어 캐리가 노래해 줄 수 있다면, 다른 아티스트에게 100곡을 제공하는 것보다 실입이 좋다는 계산도 성립된다. 더욱이 그 공동제작자가 다른 출판사에 소속되어 있다면 여기서 공동관리출판사(Co-publisher)의 크레딧트 라벨 카피(편성표)에 기술된다. 이것은 큰 수익이 얻어지는 프로젝트인 만큼, 공동출판의 대상이 되는 확률이 커진다. 예를 들어 50 / 50으로 두 회사에 의해 공동출판으로서 관리되더라도 작가인 당신이 자신이 얻는 지분은 변하지 않고 두 회사로부터 당신의 계좌에 들어올 뿐이다.

● **저작권침해문제**
당신의 작품이 저작권침해라고 고소당했을 때 출판사는 당신에게 다음과 같이 요구할 것이다.
① 소송에 드는 전 비용부담
② 소송이 발생하지 않기 위한 비용부담
③ 출판사에서 당신에게 지불해야 할 권리보수 중단

이것들은 당신이 옳은가 옳지 않은가에 관계없이 소송이 일어난 시점에서 요구되는 것이다. 작가로서의 당신의 최저한의 요구로서 만에 하나 패소했을 경우 재판비용의 일부를 출판사에게 받을 수 있다.

● **회계 및 감사권**
당신은 출판사로부터 당신의 악곡에 관련하여 이하와 같은 회계 상의 보고를 받을 권리가 있다.

① 레코드 회사로부터의 인세수취 금액
② 그 외의 방송으로부터의 인세수입금
③ 서브 퍼블리셔로부터 수취액
④ 당신의 은행계좌로의 비용청구액

그 외의 출판사 장부상의 항목에 관한 상세한 숫자의 정보를 청구할 수 있도록 하자. 당신의 계좌로의 입금까지의 과정에 적당히 관리되지 않도록 권리주장하자.

〈작품 신고서〉

작품코드								ISWC											
0	9	9	9	9	9	9	9	T											

2005년 2월 4일 출판

<table>
<tr><td rowspan="2">작품명</td><td colspan="2">후리가나</td><td colspan="6">ホシノオクリモノ</td></tr>
<tr><td colspan="2"></td><td colspan="6">☆星の贈り物</td></tr>
<tr><td></td><td>부제</td><td>후리가나</td><td colspan="6">후리가나</td></tr>
</table>

저작자

	후리가나	ウエコ	□그룹		후리가나	スズキヒロシ	□그룹
작사		UEKO		작곡		스즈키 히로시	

| □보작사 □역사 | | □보작곡 □편곡 □공표시편곡 | |

음악출판자

대표	LOVEJAPAN(주)									공동
	권리자코드	0	1	2	3	4	5	6	7	8	

	계약일	계약기간	자동갱신	
사)	년 월 일	년 월 일부터 년 월 일까지	□유 (년매) □무	□저작권존속기간
곡)	년 월 일	년 월 일부터 년 월 일까지	□유 (년매) □무	□저작권존속기간

□사, 곡과도 같게

| 2005년 2월 1일 | 2005년 2월 1일 ~ 2015년 1월 31일까지 | ☑유(1년매) | □저작권존속기간 |

양도지역	1	전 세계	취분	연주권 (6/12)	녹음권·대여권 (100%)	출판권 (100%)	영화녹음권 (100%)
	2						

(C) 2005 by LOVEJAPAN. Inc

공표

출판 레코드 방송, 연주	연주기간	3분 48초	최초의 레코드	발매일	2005년 2월 1일	제품번호	NVEC-1234
그 외 ( )	공표기간	2005년 2월		회사명	일본벡터	가수·연주자 이름	UEKO +히로시

악곡/가사

비고

	□관리의 유보 또는 제한에 관한 사항	광고	영화 / 방송
		광고주 : 상품명 : 사케이스간 :	제작자(배급자) : 영화 / 프로그램 명(방송국) : □테마 음악 □배경음악

신고서 출인	본 신고서에 기재한 항목은 전부 사실과 같습니다. 음악출판사 LOVEJAPAN유한회사 칭호 대표자 명 대표취체역 히노키 아이

저작자로서 혹은 음악 출판사로서

☞ 일본음악저작권협회와 두 가지 신탁 계약의 형태

• 저작자로서

당신이 저작자 즉 한 명의 작가, 한 명의 개인으로서 등록하고 일본음악저작권협회와 신탁 계약을 맺기 위해서는 ① 원칙으로 과거 1년 이내에 제 3자에 의해 일본 국내에서 저작물이 공표되어 있을 것. 또한 공표 전에 있어도 공표되고 있는 것이 확정하고 있는 것이 필요하다. ② 당신은 '신탁 계약 신청금', '입회금', '연회비'로서 합계 약 6만 엔을 준비할 필요가 있다.

• 음악 출판사로서

일본음악저작권협회에의 음악 출판사로서의 등록은 ① 작품이 CD 등의 형태로 공표된 실적 혹은 공표된 것이 확정되어 있다면, ② '수탁 계약 신청금', '입회금', '연회비' 합계 약 19만 엔을 지불, '신탁 계약' 수속을 하는 것에 의하여 행해진다. 더욱더 일본음악저작권협회 자체의 운영에 '기여하는' 의사가 있다면 우선 준회원으로서 입회하고, 입회 후 3년을 경과한 시점에서 분배 실적 금액이 일정 이상으로 있는 등의 조건을 충족시킨다면 이사회의 승인을 얻어 '회원'이 되는 것이 가능하다.

☞ **작품 공표 실적**(일본음악저작권협회와 신탁 계약을 맺기 위한 조건)

• **저작가**(작가)**로서의 경우**

과거 1년 이내에 제삼자에 의해 일본 국내에서 관리 악곡이 저작물로서 공표 되고 있는(혹은 공표된 것이 확정되고 있는) 것.

•**출판자로서의 경우**

과거 1년 이내에 제삼자에 의해 일본 국내에서 관리 악곡의 저작물이 공표되고 있는(혹은 공표된 것이 확정되고 있는) 저작물에 관하여, 저작권 양도 계약을 대표 출판자로서 맺고 있는 것, 혹은 공표된 것

• **작품 공표 실적의 예**

① 대기업 메이커 등을 발매처로서 전국 발매 CD(비디오, DVD비디오 등)로 관리 저작물(관리 악곡)이 사용되고 있다.
② 인디계 판매 회사를 판매처로서 1,000매 이상의 CD가 판매된, 저작물이 사용되고 있다.
③ 대기업 출판사 발행 등 전국으로 유통하는 출판물로 저작물이 사용되고 있다.
④ 제 3자 주최로 또한 입장료를 징수하는 연주회(일본음악저작권협회의 허락을 받고 있는)에서 저작물이 사용되고 있다.
⑤ NHK나 민간 방송의 TV·라디오에서 저작물이 사용되고 있다.

자신이 출판 관리를 하면 출판에 관련한 프로와의 파이프는 가지고 있지 않다면, 이런 때에 곤란해지게 된다. 예를 들면 실제에 제작 업무의 경우 누군가가 부정하게 '당신의 앨범의 수록곡으로서 〈달의 사막〉, 미야기 미치오씨의 여러 작품, 홀스트의 〈혹성(惑星)〉 등을 권리자의 허가 없이 커버한 것은 불가능하다'

고 지적 해주면 문제없이 일을 진행하게 된다.

물론 이러한 선곡에 대한 것은 녹음 전 일본음악저작권협회에 전화해 상담해 보는 것이 가능 하지만, 만약 녹음이 종료한 후라면 '발매중지'가 되고, 제작료가 전혀 소용없게 된다.

당신이 만약 아티스트의 유능한 매니저라면 출판사 사람들과 동등한 의식을 얻을 공부와 노력이 필요하게 된다.

☞ 음악 저작권 협회(일본음악저작권협회)에 관련한 메모

• 방송국으로부터 이용곡 보고

라이브 연주된 악곡은 반드시 전곡 사용 보고되고 있다.

상업용 레코드사용 악곡에 관하여 각 방송국은 3개월에 1회 1주간(7일간)의 사이에 이용곡 전곡을 일본음악저작권협회에 보고한다. BGM에 관한 것은 기간 중 이용곡만 보고된다.

이 보고 리스트에 실리지 않은 이용곡에 관해서 음악 출판사가 일본음악저작권협회에 분배조사 의뢰서를 제출한 경우는 일본음악저작권협회가 조사하고 사용된 것을 확인 한 뒤에 카운트한다.

• 센서스 방식

라이브 연주와 영화 방송에 관해서는 사용한 전체 악곡에 관해 1개월째에 종합하여 다음 달 말일까지 일본음악저작권협회에 보고한다.

• 샘플링 방식

민방 TV의 경우 3개월에 1회 비율로 '저작권 주간'을 일본음악저작권협회가 설정하고, 이 기간의 사용악곡에 관해서는 방송국

이 자세하게 체크하여 일본음악저작권협회에 보고. 일본음악저
작권협회는 이 샘플링 데이터 및 '센서스방식'에 기초해서 얻게
된 보고 데이터에 따라, '블랭킷 방식'으로 1년에 1회 수금된 사
용요금(방송료 수입의 1.5%분)을 각 권리자에게 분배한다.

• 보통, 테마, 배경
'보통'…1점(가요프로그램 등)
'테마'…16분에 1점(다만 프로그램 몇 회 사용 되어도 16분에 1점으로
　　　　서 센다)
'배경'…4분의 1점(다만 NHK의 배경은 4분의 3점)
　게다가 이러한 점수가 각 TV곡의 웨이트 랭킹(류)에 이용된다.
1류(58점)…NTV, TBS, 전국ABS, CX
2류(22점)…TV동경, 마이니치 방송, 아사히 방송, 요미우리TV 방
　　　　송, 간사히TV 방송
메인의 가요프로그램으로 전국 인터넷에 있다면 170점 정도로 된다.
곡수를 세는 것에 있어서 5분을 넘으면 2곡분으로 친다.

• 연주 등
① 상연 형식에 따른 연주
　　오페라……입장료 총액의 6%(플러스 소비세 상당액)
　　뮤지컬·발레……입장료 총액의 4%(플러스 소비세 상당액)
② 연주회에서의 연주
　　순수음악……1곡 1회 5분까지의 사용료가 정원·입장료에 대응하
　　여 세밀하게 규정되고 있다.

• 저작자와 음악 출판사의 자기 사용
　─작가가 이용 개발을 위하여 입장료 등의 대가를 취하지 않
　　고 자신의 작품을 사용할 때에는 사전에 서면으로 일본음악

저작권협회 및 관계 권리자의 승낙을 얻고, 자기 사용하는
것이 가능하다(제11조 1항 1호).

-출판사가 이용 개발을 위하여 인터넷 상으로 대가를 지불하
지 않고, 또한 기술적 보호 수단을 협의하여 자사작품을 사
용할 때에는 사전에 서면으로 일본음악저작권협회 및 관계
권리자의 승낙을 얻고, 자기 사용하는 것이 가능하다(제11조 2
항 2호).

- 분배

3개월마다 계산하고 일본음악저작권협회에 받은 방송사용료는
납입으로부터 6개월마다 (180일 이내)에 출판자에게 분배된다.

3개월마다 계산하고 일본음악저작권협회에 납입된 유선방송
사용료는 납금으로부터 12개월 마다 (365일 이내)에 출판자에게
분배된다.

〈CD이용에 따른 아티스트와 그 주변관계도〉

★아티스트 수입

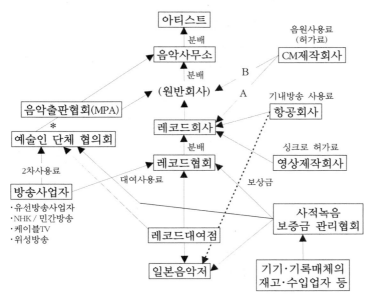

→ A: 레코드 회사의 자주 원반 및 원반 양도 계약의 경우
→ B: 외부원반으로 원반 공급 계약(라이선스 계약)의 경우

* 실연가의 저작인접권에 관한 권리처리를 행한다. 2002년 현재 가입되어 있는 '예능실현가'의 정회원 단체는 65.

* 아티스트인세(원반인세)는, 〈계산기간 10월 1일부터 3월 31일까지 가, 지불일 5월 31일〉, 〈계산기간 4월 1일부터 9월 31일까지가, 지불일 11월 30일〉이 된다(예 : 30,000엔의 경우, 원천징수되어 27,000 엔으로, 다시 이체 수수료 420엔이 공제되어, 26,580엔이 이체된다).

〈CD발매에 다른 아티스트와 그 주변〉

★아티스트 / 송라이터 수입

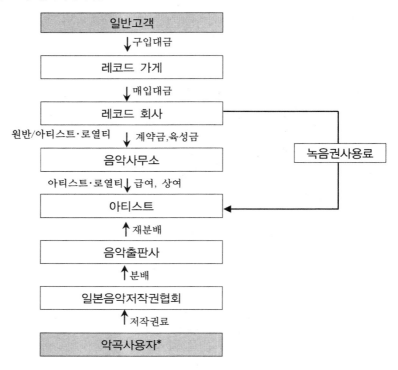

* 사용자와 사용료의 내역

● **녹음권사용료**

① 레코드회사(소위 메커니컬 로열티)

② CM제작회사(CF용 싱크로료 등)

③ TV국(싱크로료)

●연주권사용료

① 가라오케업자

② 방송국·TV국

③ 영화회사

④ 라이브 주최자

⑤ 라이브·디스코·캬바레 등

● 출판사용료

악보출판사

● 대여사용료

대여 레코드점

그 외의 아티스트 수입으로 소속음악 사무소의 활동에 기초하여 이하와 같은 수입발생이 고려된다.

　① 콘서트·기그·이벤트 출연·TV출연 등에 의한 연주료(개런티)
　② CM제작에 의한 연주료·출연료
　③ 머천다이징 상품의 제작·판매에 반한 로열티 분배

☞ **음악출판사 : 일본음악저작권협회와의 신탁계약**

크리에이터인 작가의 작품을 맡아 세상에 알리는 것 – 간단히 말하면 실천하는 것과 꽤 관련 깊은 것이 음악출판사의 일이다.

실제 출판사 등록 수속으로는 먼저 일본음악저작권협회에 전화하여, 자신의 회사의 정관을 가지고 상담하러 가게 된다. '회사의 정관 중에 '음악 악곡의 이용 개발'이라는 조항이 없네'라고 하는 경우 자신이 살고 있는 지구의 법무국에 나가 정관의 변경 수속을 한다. 인지 3만 엔과 작성한 회사의 회의록 및 고쳐 쓴 정관을 제출해 그 후 수 주간 후에 다시 일본음악저작권협회에 가야만 한다. 일본음악저작권협회에서 요구하는 필요 서류를 제출한다.

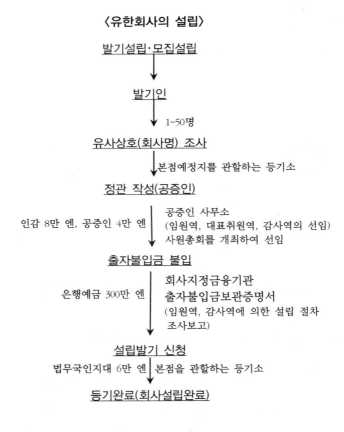

〈유한회사의 설립〉

발기설립·모집설립

↓

발기인

↓ 1~50명

유사상호(회사명) 조사

↓ 본점예정지를 관할하는 등기소

정관 작성(공증인)

인감 8만 엔, 공증인 4만 엔 │ 공증인 사무소
(임원역, 대표취원역, 감사역의 선임)
↓ 사원총회를 개최하여 선임

출자불입금 불입

은행예금 300만 엔 │ 회사지정금융기관
출자불입금보관증명서
(임원역, 감사역에 의한 설립 절차
↓ 조사보고)

설립발기 신청

법무국인지대 6만 엔 │ 본점을 관할하는 등기소

등기완료(회사설립완료)

● **작가계약(저작권 계약서)**

악곡의 등록수속으로는 저작권계약서의 작성이 필요하다. 아오야마에 있는 사단법인 음악출판사협회(MPA)를 방문하여 서식 (권말자료 123~126페이지 참고)을 구입하고, 서식의 공란에 자신으로 계약사항을 기입하여 완성한다.

여기서 첫 번째 중요 항목은 제10조의 저작권사용료, 이것은 어디까지나 출판자와 작가와의 사이의 교섭으로 결정되는 것이지만 극히 일반적으로 출판사가 일본음악저작권협회로부터 수취한 사용료는 출판사가 3분의 1, 작사가가 3분의 1, 작곡가가 3분의 1로, 3등분하여 분배하는 형태가 된다. 기본적으로, 이러한 계약서의 내용은 계약의 당사자 간에 결정되는 것으로, 제3자에게는 비밀이 되는 성격의 것이다.

〈저작권의 일본음악저작권협회 신탁절차〉

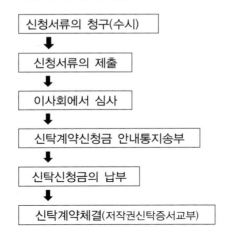

신청서류의 제출(매월 20일 마감)부터 신탁계약의 제출(매월 1일에 교부)까지로, 최단으로 약 50일이 걸린다(3월 20일에 일본음악저작권협회에 신청서류를 제출한 경우 5월1일에 신탁계약의 체결이 완료된다).

〈정관의 필요항목내용〉
① 음악저작물의 이용의 개발
② 음악저작권의 관리
③ 콤팩트 디스크·비디오 등의 원반의 기획·제작
④ 악보의 출판

①과 ②는 필수, 다시 한 번 1항목 ③ 또는 ④가 필요(3항목 이상이 필요)

〈음악출판자등록〉

정관의 확인

항목 「음악저작물의 이용의 개발」 등

정관의 개편

MPS 서류의 작성

〈저작권계약서〉

절차서류작성

① 저작권신탁신청서
② 업무내용설명서
③ 정관(사진)
④ 법인등기부서1통
⑤ 법인실인인감증명서1동
⑥ 송금선지정신고
⑦ 저작권양도계약서(사진) & 작품신고
⑧ 서약서
⑨ 작품공표신고서 & 공표신청자료

절차서류제출

일본음악저작권협회

안내통지발행

매월1일

신탁계약신청금납부

약 8만 엔
안내통지 발행월의 25일까지로

신탁계약개시

안내통지 발행월의 다음 월1일부터

DVD 제작에 있어서 음악사용허가를 받는다

내가 교사로 있는 컴퓨터 전문학교에서는 학생이 매년 졸업제
작을 하고 있다. 그 중에서도 CG작품은 시대가 변함에 따라 많
은 학생이 도전하고 있다. 얼마나 돈을 버는가라는 이야기 CG작
품을 제작하려면 당연히 그 작품의 밑에 흐르는 음악이 필요하
게 된다. 음악제작과의 학생과의 공동작품라면 문제는 간단하지
만 만약 머라이어 캐리의 음악을 시판 CD로부터 카피해서 자신
의 영상작품에 싱크로 하고 싶다면 어떻게 해야 할까?

● 음악저작권

요금은 사용분수(1분당 800엔)의 싱크로료가 먼저 발생한다. 또
한 작성한 마스터로부터 DVD를 몇 장 복제하느냐에 따라 '1분
1매 7엔'을 기준으로 요금이 더 발생하게 된다.

머라이어 캐리 등의 작품이라면 권리자로부터 싱크로하는 영
상내용을 추궁당할 수 있기 때문에 그 곡을 관리하고 있는 출판
사에 문의하고, 권리자의 허락이 필요하며 이 허락료가 7만 엔
이나 8만 엔 정도 들게 된다.

이것은 일본음악저작권협회에 사용보고를 행하여 일본음악저
작권협회가 지정하는 구좌에 입금한다.

입금이 확인되면 일본음악저작권협회로부터 라이센스 번호와

일본음악저작권협회의 로그 실이 지급된다. 라이센스 번호는 패키지의 뒤표지에 인쇄하고 로고와 실은 복제한 모든 DVD패키지에 붙인다.

•원반의 2차사용료 : 저작인접권

① 실연가의 권리

머라이어 캐리의 일본 발행처는 유니버셜 엔터테인먼트이므로 유니버셜에 사용신청을 제출하고 유니버셜의 지정구좌에 사용료를 지불 한다. 보통 빅 아티스트의 사무소라면 500달러(약6만 엔) 정도를 청구한다.

② 레코드회사의 권리

CD로 상품화된 음원을 이용해서 DVD의 음악부분을 작성하는 것이기 때문에 판매처인 유니버셜에 〈복제매수×50엔〉을 지불해야 한다.

비상용임에도 불구하고 이정도의 비용과 시간이 필요한 것은 졸업제작 CG용의 음악은 역시 자신이나 친구의 창작이 바람직하다는 것을 알 수 있다.

미조라 히바리씨의 <흐르는 강물처럼>을 영어로 커버하고 싶다

6월 24일은 미조라 히바리씨의 기일로 반드시 미디어에서 그의 명곡인 〈흐르는 강물처럼〉이 사용된다.

〈흐르는 강물처럼〉을 영어가사를 붙여 커버하고 싶다면 먼저 출판의 허가를 얻어야만 한다. 때문에 일본 콜롬비아 법무 쪽 관계자의 의견을 들어 보았다.

그에 따르면 미조라 히바리씨의 곡은 일본 콜롬비아의 관리악곡과 일본음악저작권협회에 등록한 일본음악저작권협회 관리악곡으로 나뉘어 있어 영어의 가사를 붙인다면 작가 혹은 그 유족의 허가를 받을 필요가 있다.

〈오마츠리맘보〉, 〈링고추분〉, 〈야와라카〉, 〈도쿄키드〉, 〈카나시이사케〉, 〈카나시키〉 등 옛날 곡, 이 모두가 콜롬비아사의 관리악곡이라는 것으로 인스트로멘탈로 등록한다해도 콜롬비아사의 허락(및 허락료)이 필요하게 된다.

따라서 '곡을 커버하기 위해 일본음악저작권협회에만 사용료를 지불하면 어떤 문제도 생기지 않는다'는 것은 틀린 말이다.

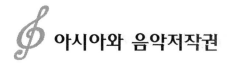 아시아와 음악저작권

  확실히 최근 예능 뉴스 등을 보면 타이완이나 중국에서의 일본의 아티스트의 인기는 달아오르고 있다. 음악저작권에 대해서도 크리에이터로서 아시아 시장에서 비즈니스가 가능한 것일까.

  일본음악저작권협회와 신탁계약이 있는 작품이라면 그 악곡의 권리가 확실히 보호되어져야 하겠지만 현재 상황에서는 아직 어려운 점이 많다. 일본음악저작권협회가 상호저작권 관리를 맺고 있는 나라는 홍콩(CASH), 타이완(MUST), 중국(MCSC), 싱가폴(COMPASS), 필리핀(FILSCAP), 인도네시아(KCI), 말레이시아(MACP), 타이(MCT), 인도(IPRS)의 9개국(지역)이다. 이 가운데 CASH 이외는 연주권에 한정된 관리계약이다. MUST에 대해서는 2002년 1월 타이완이 WTO(세계무역기구)협정이라는 국제협정에 가맹함에 따라 정식으로 저작권의 보호관계가 성립되었다. 덧붙여 타이완 MUST에서부터 일본의 일본음악저작권협회에 보낸 2002년 초반의 연주권 사용료의 입금액은 260만 엔이었다.

  GLAY가 중국에서 대단한 인기를 끌고 있다는 뉴스가 보도되어도 아직 아시아는 음악저작권에 대해서는 '그레이(잿빛)'의 마켓이라는 것이 현재 상황이다.

「저작권 등 관리사업법」의 시행

　　2001년 10월 1일에는 종래의 '중개업무법'이 바뀌어 '저작권등 관리사업법'이 시행되어졌다. 이에 따라 2002년 4월부터 저작권의 일부를 일본음악저작권협회에 위탁하지 않고 자기 관리하는 등 정해진 범위에서 일본음악저작권협회에 위탁하는 권리 등을 선택 가능한 제도가 되었다4).

① 연주권 등	② 녹음권 등		③ 대여권	④ 출판권 등
	⑤ 영화에서 녹음	⑥ 비디오그램 등에서 녹음		
	⑦ 게임 소프트에서 녹음	⑧ 광고방송용 녹음		
	⑨ 방송유선방송			
	⑩ 인터렉티브 배신			
	⑪ 업무용 통신 가라오케			

---

4) 문화청 공식 사이트 http://www.bunka.go.jp/enter.asp

이 가운데(위 표 참조) '②만은 일본음악저작권협회에 위탁하지 않는다', '⑥만은 일본음악저작권협회에 위탁하지 않는다'고 신탁 출판사가 생각한 경우, 관리위탁범위제한을 일본음악저작권협회에 신청하는 수속을 밟는 것에 따라서 ②혹은 ⑥은 자기관리, 개별 관리가능하게 된다.

이의 신탁방법의 선택의 계약은 각 악곡단위가 아닌 출판사와 일본음악저작권협회의 사이의 계약의 변경이라는 것으로 한번 위탁범위의 변경 수속을 하면 그 출판사의 악곡 전체를 동일한 관리위탁범위 내에 일본음악저작권협회가 관리한다.

〈일본음악저작권협회와 타사업자와의 비교표〉

사용의 범위	(사)일본음악저작권협회		이라이센스(주)		다이키 사운드(주)	
	사용료	관리수수료	사용료	관리수수료	사용료	관리수수료
레코드 녹음	1)소매가격의 6%	6%	소매가격의 6%(상한)	5%	소매가격의 6%	
비디오그램 녹음	2)소매가격의 4.5%	10%	소매가격의 4.5%	10%	소매가격의 4.5%	10%
인터렉티브 소프트 녹음		11%	소매가격의 2%	10%	소매가격의 4.5%	10%
영화 녹음		20%	위탁자결정	10%	위탁자결정	10%
CM방송용 녹음		8%	위탁자결정	10%	위탁자결정	10%
인터렉티브 배신	3)소매가격의 7.7%	11%	소매가격의 6.3%(상한)	10%	소매가격의 6%	10%
업무용 통신가라오케	500코드까지 5만엔/월 외	12%			위탁자결정	10%
대여	4)CD 70엔/ 1장 1회	13%			위탁자결정	10%
방송		11%		10%		
유선방송	수입의 2~1%	12%		10%		
외국입금		5%				
그 외		25%				

1) 소매가격의 6%, 또는 8.1엔   2) 소매가격의 4.5%, 플러스 기본사용료
3) 소매가격의 7.7%, 또는 7.7엔   4) 포괄계약: 2,500회 미만 9만 엔/월

● **일본음악저작권협회 이외의 저작권관리사업자**

2007년 6월 현재의 저작권 등 관리사업자는 일본음악저작권협회외에 (주)이라이언스, (주)재팬라이츠클리아런스, 다이키하운드(주), (주)재팬디지털콘텐츠, (주)아시아저작협회, (주)International Copyright Association의 6개 법인이 된다.

제5장

아티스트 활동

선우후락 : 밴드의 위기관리

> 시작이 좋으면 끝도 좋다. 서로의 이해와 감사의 기분

☞ 밴드(그룹) 활동

당신이 그룹으로 활동한다면 비즈니스를 시작하기에 앞서 서로 상의해 두어야 할 일이 있다. 음악이 최고라고 공인받는 집단도 돈 문제 때문에 그룹을 지속하기 어렵게 된 경우는 과거의 무수한 뮤지션들이 경험해온 일이다.

음악을 즐겁다고 말하는 것과는 별개로 '이 멤버와 함께 해도 좋다'라는 의식과 서로 의견을 배려하는 것이 중요하다. 같은 시간을 공유하는 것이 중요하기 때문이다. 어떤 의미에서 그것은 결혼과 닮아 있다. 그리고 이혼 재판에서의 최대 테마는 위자료이듯, 그룹 역시 돈이 테마가 된다.

혼인신고서의 경우 세대주의 난에 서명이 필요하다. 마찬가지로 밴드멤버 계약을 맺을 시 밴드명 소유자를 결정해야 한다. 더욱이 각자 누군가가 수입의 몇 퍼센트를 갖는 권리가 있는 것인가, TOUR 실시의 최종결정과 멤버 제명, 또는 수용의 최종결정을 누가 하는 것인가를 결정한다. 녹음(원반제작)이 끝나고 나서 '자, 레코딩 계약이 정해질 것 같다'고 할 때는 이미 늦은 것이다.

이러한 사항을 정해 놓은 밴드계약이 없는 경우, 만약 멤버 하나가 밴드를 떠나면 자동적인 밴드는 법률상 종료, 즉 존재하지 않는 것이 된다. 어떻게 해서라도 밴드명을 남기고 활동을 해나가려면 그 떠난 멤버에 허가료 또는 사용료를 지불해야 된다. 즉 밴드계약서가 없는 경우, 법률상 밴드의 존재에 관련된 아래와 같은 여러 권리는 멤버가 등분으로 소유하게 되는 ① 계약금 ② 차금 ③ 아티스트 로열티 ④ 밴드기자재의 소유권 ⑤ 밴드명의 소유권 ⑥ 밴드 로고의 소유권 ⑦ 밴드의 오리지널 악곡의 저작권 ⑧ 밴드활동에 관련된 종류 결정에 해당하는 다수결 원리의 기초한 투표권 ⑨ 그 외이다.

☞ 머천다이징

밴드명·밴드로고는 잠재적인 상품가치를 가지고 있다. 그것을 '머천다이징'이라고 하는데, 티셔츠나 기타피크, 전화카드와 노트까지 상품에 사용되는 경우, 현실에서 상당한 이익이 된다. 최근의 인디 밴드는 라이브 티켓 매상액수 만큼 머천다이징 상품 매상을 올리는 밴드도 다수라고 한다. 티켓비용이 2,000엔으로 로고가 들어간 티셔츠가 1800엔, 사인이 들어간 기타피크가 200엔이라는 것이다.[피카츄를 비롯 캐릭터의 전매특허라고 생각되는 패밀리폰장(마작의 일종으로 일본 독자적인 테이블 게임)의 모닝구무스메(일본의 유명 아이돌 가수, 한국의 소녀시대와 비슷)판을 슈퍼에서 발견했을 때는, "아티스트와 애니메이션 캐릭터를 동일소재로 본다." 프로듀스의 착안점으로 관심을 갖게 되었다].

'저작권'이 작가의 작품과 같이 권리자를 표현한 것과 관련되어 있다는 것에 대해 '상표권/서비스마크'는 **권리자 고유의 심볼**

로 관련되어 있다. 구체적으로 '상표권'[1]은 밴드의 이름 또는 밴드로고가 티셔츠 등 구체적 상품에 사용된 때에 발생한다. '서비스마크'는 밴드명이 '○○공인의 상품이다' 등과 영업에 사용된 경우 등의 서비스행위에 사용된 때 발생한다.

밴드명의 권리는 제일 먼저 그것을 사용한 밴드명사용자(즉 밴드)가 소유한다. 그것은 때로 음악장르 아닌 캐릭터이름에도 적용된다. 게임 철권 덕분에 메이저데뷔로 데뷔하게 된 'TKN'은, 원래 인디시대에 '철권'으로서 통하고 있지만, 같은 '철권'이라는 이름의 게임이 이미 존재하고 있었기 때문에 유사성이 강하다고 해서 밴드명이 사용불가능하게 되고, 새로운 이름 'TKN'을 사용하게 된 것이다. 상표 등록한 것에 의해 권리가 발생한 것은 아니고, 밴드명을 사용한 행위에 의해 '상표'가 창조된다. 음악저작권은 악곡이 완성되기 전, 악곡이 창조된 후 모두에 해당되지만 밴드명을 권리로서 확정하는 것은 (즉 밴드가 팔리기 시작한 때는) 상표등록한 쪽이 이득이 된다. 등록이 끝나서 머천다이징 상품으로 당신의 밴드명이 사용되는 때에는, 밴드명의 뒤에 ⓡ 권리표시를 기재한다.

---

1) 머천다이징 회사와 계약하지 않고, 자신에게 상표권을 등록하는 경우는 개인이 특허청에 찾아가 등록해도 되지만, 실제로는 변리사에게 의뢰해 1분류(총 34분류중의 레코드관련 상품 군을 선택) 20~30만 엔으로, 10~12 개월로 등록을 종료했다. 유사상표를 체크해 특허청에 신청한 다음이 아니면, 머천다이징 상품은(제3자부터의 부정사용으로 동반한 배상청구를 피하기위해서는) 작성할 수 없게 된다.

☞ **머천다이징 회사와 계약을 할 때의 체크 포인트**

① 아티스트의 발전

② 작가의 결정 관여권

③ 머천다이징 회사의 독점권이 미치는 시장범위

④ 팬 미팅과 관객 동원 수(아티스트 측의 의무로서)

⑤ 투어 후 팔고 남은 상품의 판매권

더욱이 당신의 밴드가 커지면 투어에 관계없이 숍과 유통판매로 파는 일도 있을 것이고, 상품의 타입을 한정해 (예를 들어 라이터에 밴드로고를 붙인다던가, 휴대전화에 밴드로고를 붙이고 있는 것) 머천다이징 계약을 맺을 가능성도 있다. 그 경우 아티스트 측에 들어간 로열티는 소매판매가격의 10% 전후로 생각하고 있다. 다만 유통판매계약에서는 유통판매회사의 총수익의 절반이라는 케이스도 나올지도 모른다.

☞ **밴드의 오리지널 악곡의 저작권**

조지 해리슨이 자신의 곡이 '레논/메카트니'의 작품으로서 등록되어 있다고 하여, 출판사에 클레임을 건 적이 있었다. 문제의 곡 등록 시에 에이전트가 '레논/메카트니'라는 작가콤비의 이름을 전략적으로 '판매'하기 위해 무리하게 조지 해리슨의 작가표기를 피했다는 것이 진상이었다.

실제로 작곡한 것이 특정 멤버이고, 사이좋은 멤버인 경우, 음악저작권을 각각의 곡 표기와는 다르게 모두 균등하게 나누는 밴드도 실존한다. 또 편곡에 있어서는 그룹멤버전원이 관계된

128

형태로 등록해 그 악곡의 저작권의 12분의 1에 해당하는 편곡권을 멤버 별로 균등하게 나누고 있는 밴드도 있다.

실제로 작품이 상품으로서 처음 공표되는 때에는 그것들의 악곡에 관계한 작가와 출판자의 사이에서 작가계약을 주고받는 것으로 하는 권리도 명확하지만, 계약을 맺기 전부터 멤버전원이 저작권 소유권에 관해서 협의하는 것이 중요하다.

☞ **투어**

투어의 주목적은 돈을 버는 것보다도 작품CD의 프로모트활동에 있다.

주최자와의 계약에 관해서 중요 항목은,

① 투어일정
② 프로모터가 부담해주는 비용
③ 머천다이징
④ 기자재·조명·스테이지 세트 업 등의 구체적 용건

또 보다 작은 스케일에서, 자기들 스스로 관리해야하는 경우도 클럽오너와 계약서를 맺지 않으면 스테이지에 설 수 없다고 생각해두는 편이 좋다.

① 연주스케줄
② 계약금
③ 기자재(무엇을, 얼마나, 어느 쪽의 책임으로)

이것은 문제가 발생하고 나서 복잡하지 않게, 서면으로 작성해야 할 최저항목이다.

이 경우 개런티는 CD가 메이저발매 되어 데뷔신인으로서 나온 경우에도 10만 엔 정도로 생각하고 있는 편이 좋다. CD가 차트에 진입하면 100만 엔 단위가 된다. 어느 것으로 하던 티켓이 몇 매 팔렸는가가 계약금의 기준이 되기 때문에 여기부터 정당한 계약금을 계산하는 것이 가능하다. 가령 2,000엔의 티켓을 100명에게 팔았다면 20만 엔의 수입으로 15퍼센트의 3만 엔을 클럽오너에게 지불하고, 남은 17만 엔을 멤버가 나누는 것이다.

투어의 비용항목에는 아래와 같은 것이 있고, 투어를 해도 돈이 되지 않는다는 말에 수긍이 가는 정도이다.

① 식비, ② 숙박비, ③ 기자재의 렌탈료, ④ 차의 렌탈료,
⑤ 최소한의 스텝의 계약금《(쿠르:cours) 비용, 당신이 마이클잭슨이라면 400인분〉
⑥ 보험, ⑦ 사무소 매니저의 커미션(보합수수료)

CD를 판다고 하는 목적이 명확하면 레코드회사로부터 투어 서포터로서 비용을 지불받는 방법을 취할 필요가 있다.

☞ 비디오클립

1980년대에 MTV가 등장한 이래, TV의 영향력은 밴드에 매우 커졌다. 마찬가지로 TV고객제휴와 TV드라마 제휴가 있어 히트 차트 프로그램이 있는 것을 보면 미디어로서의 TV영향력은 상당하다.

MTV에서 사용되는지의 여부에 관계없이 TV미디어용의 소재는 프로모트 상 필요불가결이라고 해도 좋다. 100만 엔으로도

비디오클립은 만들어지지만 더 좋은 것을 만들려면 600만 엔 정도, 더욱 그룹의 일류멤버가 참여하게 되는 때에는 1,000만 엔 정도의 비디오제작비가 소요되게 된다.

☞ '콜라보레이션'을 둘러싼 문제

'아티스트 콜라보레이션'에 의해 음악제작과 활동 – 어느 정도의 상대를 이미 확립하고 있는 아티스트가 협력해 레코딩을 행하고, 앨범 발표 콘서트 활동도 실시, 당연히 여러 가지의 머첸다이징 전개를 하고, '해냈다'고 생각해도, 아티스트 또는 그 매니저 프로덕션이 음악 비즈니스를 이해하고 있지 않으면 말도 안 되는 문제가 발생한다.

생각되는 문제의 유형에는,

● 앨범 제작비의 초과

2,000만 엔의 제작비 예정이었던 것이 평소 제작 스타일과 달라 레코딩 기간이 길어지고, 스튜디오료를 처음 시작하여 원반 제작비가 2,500만 엔에 달했다. 레코드 회사의 원반에 레코드 회사에서 음원제작회사에 제작비는 2,000만 엔을 주지만, 2,000만 엔 이상 초과한 비용은 음원제작회사가 부담하는 계약으로 되어 있다. 반대로 1,200만 엔을 사용으로 끝냈다고 해도 제작비를 음원제작회사로부터 레코드 회사에 반환할 의무가 없기 때문에 돈 800만 엔이 제작회사의 이익이라는 계약이 된다.

그럼 구체적으로 누가 차액 500만 엔을 부담하는가.

● 머천다이징에 따른 수익분배

최근 콘서트 사정과 콘서트 제작비가 너무 많이 들어, 콘서트 티켓의 매상만으로는 이벤터도, 아티스트 사무소도 돈을 벌 수 없다는 이야기가 많다. 하지만 콘서트 회장에서 확실히 T셔츠부터 캘린더와 배지, 결국 즉석 사진까지 머천다이징 상품을 팔아 이익을 올리는 아티스트 사무소나 이벤터도 많다. 하지만 사무소가 확실히 하지 않으면, 머천다이징의 매상액이 콘서트 제작비의 초과 분을 충당하게 되어, 아티스트 측에 머천다이징 매상액이 일절 환원되지 않는 일도 일어날 수 있다.

그런데 누가 아티스트에게 지불하고 어떠한 배분을 하며, 그것을 언제 실시하는가.

● 음악저작권의 '분쟁'

일본의 아티스트와 영국의 아티스트가 공동 작가로서 앨범 수록곡의 작사·작곡도 '콜라보레이션'으로서 행한 경우, 그 악곡작품은 어느 쪽에 출판사가 일본음악저작권협회에 어떤 형태로 등록하는 것인가까지 '작가계약'을 통해 결정해야 한다. 그렇지 않으면 예를 들어 일본인 작가와 작가계약을 앞에서 맺어 일본의 출판사가 일본음악저작권협회에 오리지널 출판사로서 '자국작품등록'을 해버리고, 한편 영국의 작가는 따로 일본 출판사와 서브 퍼블리시의 계약을 맺고, 그 서브 퍼블리셔가 일본음악저작권협회에 '외국작품등록'을 해버린다는 일도 일어날 수 있다. 일본음악저작권협회도 부서가 다르기 때문에 각각의 등록을 일단 인정해버려, 그렇게 권리가 뒤섞인 단계에서 상기의 양쪽 출판사에, '어느 쪽이 정식 권리자입니까. 합의해주세요' 또 통지하게 된다. 이 단계에서 그 악곡이 '분쟁'이라는 형태가 되어 분쟁이 해결되어도 일본음악저작권협회는 분배를 1분(즉 3개월) 연기하는 것이 된다. 즉 양쪽 출판사가 함께 '몹시 괴로운 모습'이 된다. 원칙상에는 등록을 철회하는 방법에 책임이 있어, 작가에 대하여 인세

분을 가불하는 것도 생각되지만, 실제로는 그러한 책임을 취하지 않는 출판사도 많다.

그렇다면 누가 작가의 저작권인세를 규정 시기에 지불하는 것인가.

콜라보레이션을 하는 것에 있어 우선 확실한 '계약서'가 작성되고 있어 이러한 사태를 예측하여 그 대응도 명문화한다면 좋겠지만, 그렇게 쉽지만은 않은 것이 음악 비즈니스의 현장이다. 계약서가 필요하다는 발상은 '성악설'에 기초한 것이기 때문에, 상대를 의심하는 것에 의해 계약의 내용이 충실하게 된다. 음악을 앞으로 함께 만들자는 아티스트 동료가 상대를 우선 의심하는 것은, 심적으로 얼마나 모순되어 있는지 설명할 필요도 없다. 다만 여기선 적어도 매니저나 에이전트라 불리는 사람들이 서로 확실히 음악비즈니스를 하고 있다면 이러한 문제점은 일어날 수 없다.

제6장

새로운
아레나로의
도전

♪ 영화와 TV

본격적으로 이 테마를 다루려면 소위 말하는 헐리우드 방식 계약을 포함해 몇 권의 책을 봐야 할 필요가 있지만 아티스트와 레코드 회사 사이의 계약이라면 그 정도로 자세히 알 필요도 없다. 또 레코딩 계약의 내용에 따라서는 영화나 TV 제작자로부터 당신에게 음악을 의뢰하기 힘든 경우가 될 지도 모른다. 또 의뢰를 받은 경우의 조건은 상당히 유동적이고, 교섭에 따라 변하는 것이라 생각해 주길 바란다.

☞ 극장용 영화

● 영화를 위해 작곡한 오리지널 악곡

① 아티스트 보수

어떤 영화를 위해 쓴 오리지널 곡에 아티스트(연주자)로서 전면 참가한 경우는 연주료가 발생한다. 로열티 지불이라면 앨범, 세일즈의 10%에서 12%를 첨가한 아티스트가 나누게 된다. 메이저 아티스트라면 선불한 인세로서 받는 경우가 보통이다. 다만 아티스트와의 계약이 있는 레코드 회사가 타 회사로부터 사운드트랙 음반이 발매된 경우 아티스트 로열티의 절반을 아티스트가 요구할 수 있다.

② 작가보수

영화제작사가 작가에게 영화용의 오리지널 곡을 의뢰할 경우 작곡료와 로열티가 발생한다. 작곡료는 무료에서 수백만 엔까지 그 곡의 중요도와 작가의 네임 밸류에 따라 다르다. 또 작가가 작곡을 수주하고 곡을 회사에 제공해도 그 곡이 영화에 사용되는지의 여부는 제작회사(또는 영화감독)가 결정하는 경우가 많다. 따라서 사용되지 않는 경우에도 작곡료를 받는 계약을 해야 한다. 또는 스텝 딜이라는 데모 버전으로 어느 정도 지불하고 다음 단계에서 정식으로 리퀘스트를 제출하여 곡이 완성되면 다시 어느 정도 지불하는 형태의 제작방법과 지불방법을 제작회사가 제안하는 경우도 있다.

로열티에 관해서는 당신의 출판사와 영화회사가 의견조율을 하지만 때에 따라 곡은 문자 그대로 출판권을 포함하여 매입하고 영화회사가 출판권을 소유하는 경우도 있다.

● **영화를 위해 존재하는 곡(기발표음원)이 사용될 때**

영화회사는 아티스트의 소속 레코드회사 및 곡의 관리를 하는 출판사와 계약하고, 사용한다.

① 아티스트 보수

영화회사는 그 음원을 발매하는 레코드 회사에 음원사용료를 지불한다. 아티스트 사무소는 그 사용료의 50%를 레코드회사를 통해서 받는다(이 비율은 이미 레코딩 계약에 명기되어 있어야 한다.). 더욱이 사운드 트랙 음반에 곡이 수록되어 있는 경우, 상품정가의 10%에서 12%의 원반 로열티를 곡수배분하고, 사운드 트랙 발매회사가 레코드 회사에 지불한다.

② 작가보수

영화회사는 기존의 곡을 영화에 사용하는 경우, 음원사용료로서 싱크로 요금을 출판사에 지불해야만 한다. 음원사용료를 이미 레코드 회사에 지불이 끝났을지라도 싱글의 권리를 분명히 하지 않고 영화음악을 제작하는 것은 위법이 되기 때문이다. 싱크로 요금의 금액은 위에서 기술한 음원의 음원사용료와 같다고 생각해도 괜찮지만 이 싱크로 요금의 금액이 음원사용료보다 높아지는 경향이 있다.

● **오리지널 스코어와 사운드 트랙 음반**

존 윌리엄스나 제리 골드멘이라면 소위 사운드 트랙 스코어를 써서 5,000만 엔 정도 벌겠지만 일본 영화에는 보통 300~400만 엔 정도의 시세인 것 같다. 그 외 저작권의 메커니컬 로열티가 레코드 매상에 따라 발생하고, 음원제작 프로듀스에 맞는 경우의 인세(1%에서 2%)도 발생한다.

영화회사로서는 권리를 분명히 한 과정에서, 사운드 트랙 음반의 레코드 회사에서 발매하는지를 결정하는 권리도 가지게 된다. 여러 차례 그것은 오리지널 곡과 기존의 곡, 그리고 효과음악이 모여서 1장의 CD에 수록된다. 그리고 그 중에 CD 매상에 크게 공헌하는 곡이 있는 경우, 그 곡에 의해서만 높은 로열티가 설정되는 경우도 있다.

☞ TV

TV의 일반 프로그램이라 TV 드라마에 음악이 사용되는 경우도 극장용 영화와 같은 권리가 발생한다. 영화와 다른 것은 저작권료는 일본음악저작권협회를 통해 출판사에 지불되는 점이다. 음악이 보다 많은 사람들이 듣게 되는 것과 관계없이 저작권인세는 타이업이 되거나, 일반적으로 적다고 생각하는 편이 좋다.

관동 로컬의 프로그램에서도 기존등록악곡 1곡이 TV프로그램 내에 사용되는 경우, 1만 엔 정도가 녹음에 필요한 사용료(싱크로료)로서 더욱이 방송료(온에어료)로서 5만 엔 정도가 일본음악저작권협회로부터 음악출판사에게 분배금으로서 입금하게 된다.

이것이 TV스팟 2,000개, 전국 네트워크에 기존곡(스팟 개시전에 이미 일본음악저작권협회에 등록되어 있던 곡)이 있다면 방송사용료만으로 바로 수백만 엔의 2차사용료가 발생한다.

● 어느 프로그램을 위해 쓴 작품이 발주·제작된 경우

프로그램의 테마곡은 보통 그 프로그램제작회사가 발주하고, '매입'하게 되는 경우가 많다. 따라서 로열티는 발생하지 않고, 저작권사용료만이 지불된다.

● 기존음원을 TV프로그램에 사용하는 경우

TV 프로그램 제작 프로듀서는 출판사에 사용허가를 의뢰하게 된다. 평균적인 싱크로 요금은 5만 엔에서 12만 엔, 사용허가 기간은 3년에서 5년에 옵션 기간이 되는 것이 5년이고 이 5년은 프로그램 재방영이 결정된 때 필요한 허가 기간으로서 생각된다. 드라마에 매주 그 곡이 주제가로서 사용되는 경우, 1회 사용료는 보통 15만 엔부터 있다.

이미 발매된 음원을 사용하는 경우는 레코드 회사에서 허락을 얻어, 원반 2차사용료를 지불해야만 한다. 이 경우는 CD 매상 중가를 목적으로 요금은 싸게 설정되는 경우가 많다.

• 효과음악사용

TV프로그램 중 사용되는 효과음악은 전면적으로 흐른다. 사용료는 작가의 이름, 프로그램 중에 사용빈도, 프로그램 자체 길이, 제작예산에 의해 변한다. 영화와 마찬가지로 같은 작품은 '매입'에 취급하여 TV방송에 따르는 저작권료는 작가에게는 들어가지 않는다. 하지만 그 이후 악보화·레코드화된 경우 저작권은 작가가 소유한다.

TV프로그램이 1번 방송된 후 유료 TV, 홈 비디오 등에 재사용되는 경우는 재 음악사용료가 발생한다.

☞ TV CF 타이업

TV CF나 TV 주제가가 크게 매상에 공헌하는 가능성이 큰 것은 누구나 인정할 것이다.

TV CF의 경우 타이업이 먼저 대리점에서 발주하고, 대리점이 클라이언트에 기획제안을 몇 가지 제출하게 된다. 그 제안에서 가운데에 음악이 사용되는 경우에 원반회사(레코드 회사 / 음악사무소 / 음악출판사)가 관여하게 된다.

실제 거기서 움직이는 돈의 액수도 반 정도에 불과하다. 그렇기 때문에 비로소 효과가 크다고 말할 수 있는 것이다.

① 원반권에서 파생되는 **음반 사용료**(허가료)가 레코드 회사(엄밀히는 레코드 회사 또는 원반 소유 회사)에게 지불된다. 이 금액이 싱크로료와 같은 금액이 되는 것이 하나의 목표이다.

② 저작권에서 파생되는 **싱크로료**가 음악 출판사에 지불된다.

금액은 상황·조건에 따라 변하지만 1크루 150만 엔, 1년간은 500만 엔이 목표.

③ 저작권에서 파생되는 **파료(波料)**. 제일류의 TV국이라면 1개 8천 엔, 전국 네트워크에서 1개 3만 엔 정도. 이는 일본음악저작권협회의 규정에 기초하여 산정된다.

④ 새롭게 원반을 녹음·작성하는 것이라면 **원반 제작비**가 파생된다. 이 경우 원반 회사가 순수하게 원반 제작비(스튜디오료, 사보료, 프로듀서료, 연주료 등)의 부분은 기본적으로 모두 부담하게 된다(단, 그 녹음 프로젝트가 CD 등의 형태로 상품화 될 수 없는 것이라면 클라이언트 측의 부담이 된다). 이 오리지널 음원이 CM용으로 새롭게 창작된 오리지널 악곡이라면 그 이용에 관하여 싱크로료와 파료는 커머셜 의촉작품으로서 일본음악저작권협회에 등록[1]한다면 파료는 발생하지 않는다.

이상을 합하면 100만 엔이 경비로 나가게 되고, 파료 즉 스팟 수가 많아지거나 프로젝트 수가 증가한다면 1억 엔 달성도 충분한 가능성이 있다.

또 경비 효율이 나쁘다고 생각되는 클라이언트, 대리점, 레코드 회사도 생기기 때문에 J-POP의 경우 등에서는 CF용별 테이크 음원을 새롭게 제작하고 토탈 ①부터 ③의 비용을 100만 엔 이내로 제한해 두기도 한다. 또 본래 클라이언트의 광고 예산부터 지불되는 비용을 레코드 회사의 선전비로 부담하는 케이스도 있다.

---

1) 음악 출판사로부터 일본음악저작권협회에의 작품은 연 4회 제출기한이 있다. ①1월부터 3월까지의 발매 악곡은 3워 21일, ②4월부터 6까지가 6월 20일, ③7월부터 9월이 9월 20일, ④10월부터 12월 발매한 것이 12월 21일이다. 방송 사용료를 면제하려면 마감 시일을 지켜서 작품신고서를 낼 필요가 있다.

    실제로 일로서 아티스트가 CF 기획의 합의에 참가하는 것은 드물지만 아티스트 측의 프로듀서, 매니저 입장인 사람이 큰 CF 타이 업에 관여하면 클라이언트 사이드의 스태프 의견이 강한 것에 위화감을 느낄지도 모른다. 그것을 크리에티비티라든가 부가가치 등 형태 없는 무기로 대등하게 논쟁하는 것이 프로듀서, 매니저가 하는 일일 것이다.

DVD소프트

라벨의 성장에 따라 모회사가 영화회사 즉 소프트회사인 라벨 'WEA·UNIVERSAL·MCA'인 것과 모회사가 기기 즉 하드회사인 'SONY·EMI·필립스·빅터·컬럼비아' 경우에 있어서 그 성격이 차이가 나는 것은 당연한 현실이다.

'새로운 하드가 시장에서 성공하기 위해서는 소프트 히트 상품이 불가결하다'는 것은 하드계 라벨의 기본 발상이며, '새로운 소프트가 시장에서 성공하기 위해서는 참신한 기획이나 인터페이스를 적극적으로 이용·개발해야 한다'는 것이 소프트계 라벨의 발상이다.

새로운 포맷으로 DVD에 의하여 최근에 적극적으로 소프트 상품화에 임하고 있는 것은 WEA그룹이다. 먼저 기존영화 소프트를 적극적으로 DVD비디오화하였으며, 더욱더 앨범음원의 DVD 오디오화에 박차를 가하고 있다. 서양의 클래식을 시작으로 재즈, 대중적인 신보가 매월 수십 타이틀의 페이스로 편집되어지는 것이다.

DVD오디오는 우퍼 스피커 1대를 청취자의 정면에 설치하고 먼저 5대의 스피커를 정면좌우전후에 설치하여 듣는 것이 기본적이다. 그 음장감, 달리 말해 음장감은 살아있는 음악, 보다 자연적인 본래의 음악을 재현하는 매우 적합한 재생장치이다.

DVD 1매에 수록할 수 있는 데이터의 용량은 4.7GB로 CD의 780MB의 7배이며 더욱이 단면 2층으로 8.5GB의 정보를 기록할 수 있다.

또한 재생주파수도 CD의 5~20kHz에 비해 DVD-Video로 DC~최대 48kHz, DVD-Audio라면 DC~96kHz까지 가능하게 된다. 다이나믹 레인지로 말하면 CD의 96dB(데시벨)에 대하여 DVD는 144dB이라는 것이다. 이러한 사양의 비교는 그 음악재생 표현력의 비교로 DVD가 보다 큰 가능성을 가져올 수 있다는 것을 시사하고 있다.

여기서는 단순화하여 CD로 발매하여 악곡도 일본음악저작권협회 등록한 소재를 2차이용하고 DVD용 원반을 작성을 할 때 적절한 비용에 대하여 생각해 보자. 내용도 곡명·연주자명·정지화의 곡이미지·가사자막·PV(프로모션 비디오를 덤으로 영상으로서 부가) 정도로 매우 간단한 것으로 가정한다.

먼저 오서링(authoring : DVD마스터편집)[2] 스튜디오에 반입하는 소재로는 다음과 같은 것이 있다.

① 악곡음원(DAT, 1630, CD-R, 베타 컴 등의 디지털 음원 마스터)
② 텍스트 데이터(스토리, 가사, 관계자 크레디트 등)
③ 영상화원(DV-CAM, 디지털 베타 컴, CD-R으로 동화, 정지화데이터, 로고, 경고문 등)
④ 메뉴구성('시나리오' 화면이라고 불리는 것의 기본동작을 지정, 홈 페이지의 메인 메뉴화면과 같은 정도의 것)

이상을 기초로 전문 편집실에서 엔지니어가 총 수록 시간 60분의 소프트 오서링을 하고, 현재는 토탈 약 50만 엔 정도의 오

2) 멀티미디어나 전자출판물을 위한 편집작업

서링 경비가 필요하다. 그리고 완성된 DVD원반, 즉 「1매의 DVD」안에는 이하의 권리가 포함된다.

① 원반권(아티스트 로얄티·프로듀서 로얄티 포함)
② 음악저작권
③ 영상관련 로얄티(캐릭터 사용료, 영상저작권의 사용료 등)

원반권에 기초한 권리는 원반처와 발매처가 논의하여 결정하지만 대부분 15%정도뿐이다. 반대로 세금포함 가격 3,800엔, 세금 공제 3,620엔, 총 수록 시간 60분의 DVD를 상품화 하면 500엔이 원반소유자의 몫이다. 음악저작권에 관해서는 일본음악저작권협회에 등록이 완료된 음악을 이용했다고 가정하면, 싱크로를 따르는 사용이기 때문에 비디오그램의 사용규정에 기초하여 발매처가 일본음악저작권협회에 지불한다. 음악저작자 권리가 만약 당신에게 있다고 가정하면 일본음악저작권협회를 경유, 출판자경유로 당신에게 지불되는 것이 된다.

① 기본사용료가 사용악곡 1분마다 800엔
② 복제사용료가
　　ⓐ 사용시간 1분이 될 때 마다 세금공제 가격의 0.1%
　　ⓑ 또는 세금공제 가격의 4.5%를 누계 악곡사용시간[3](총수록시간)
　　　에서 제거한 액(소수제 3위를 반올림)

상기 ⓐ, ⓑ에서 산출된 액의 적은 쪽의 금액. 단, 그 금액이 4.0엔 이하가 된 경우는 4.0엔으로 한다.

---

3) '저작물의 누계사용료'란, 당해 소프트에 수록되어있는 각 저작물 마다 사용시간의 1분미만을 끝내서 상누계한 것을 말한다(일본음악저작권협회자료에서).

이상의 지불이 필요하기 때문에 만약 각 곡 4분 30초로하여 전 10곡의 방악곡을 사용한 경우 5,000매 판매한 시점의 악곡 저작권 인세는

① 기본사용료 :

〈800엔 × (사용악곡분수 × 곡수)〉
800엔 × 5(분) × 10(곡) = 40,000엔

② 복제사용료[4]

ⓐ 〈(세금공제 가격의0.1%) × 사용분수 × 5,000〉
3,620엔 × 0.001 × 5(분) × 10(곡) × 5,000(매) = 905,000엔

ⓑ 〈(세금공제 가격의 4.5%) × 50분 ÷ 총수입(수)록시간〉
3,620엔 × 0.045 × 50 ÷ 60 × 5,000 = 678,750엔

단 ⓐ, ⓑ에서 산출된 금액의 적은 쪽의 금액이므로 678,750엔이 된다.

그러나 ⓐ에서 산출의 1분 당 사용료가 3.62엔, 마찬가지로 ⓑ에서 산출의 1분 당 사용료가 3.26엔이 되지만 합계가 4엔 이하에 해당되면 4엔으로 한다.

5,000매 매상의 경우, 40,000엔 + 4엔 × 50(분) × 5,000(매) = 1,040,000엔이 되고, 플러스 소비세의 1,092,000엔이 일본음악저작권협회에 지불할 사용료가 된다.

1,092,000 ÷ (3,620 × 5,000) = 0.0603, 즉 6%의 음악저작권 인세가 소요되는 것이 된다.

---

4) 사용악곡이 게임소프트라는 패키지 1개에 사용되는 경우의 복제사용료는 1분마다 약 3엔이 된다. DVD패키지에 7곡 사용하는 것의 예로, 안의 1곡만을 게임의 팩으로 사용해도 4엔이라고 하는 사용료는 바뀌지 않는다.

앞서 가정한 원반 로열티 15%에서 이 음악 저작권 인세 6%의 합계 21%, 금액에서는 3,800엔의 상품 내의 21%이므로 환산하면 약 693엔이라는 것이 된다. 통상 '1장의 CD'의 음악저작권을 6%로 보면 DVD의 음악 저작권도 거의 같지만 영상·캐릭터 등의 상품화권이 2%에서 6%정도라고 하면 그것들을 포함하여 발생하는 로열티는 발매처에게 있어서 값이 비싸다는 것이 통례이다.

만약에 세금포함가격 6,800엔, 세금공제 가격 6,476엔의 상품이 5,000매 발매된 경우로 계산하면

ⓐ 6,476엔 × 0.001 × 50(분) × 5,000(매) = 1,619,000엔

ⓑ 6,476엔 × 0.045 × 50 ÷ 60 × 5,000(매) = 1,214,250엔

으로 적은 쪽인 1,214,250엔이 되고, 매상의 5.36%가 음악저작권료가 된다.

♪ 게임 뮤직

닌텐도의 수퍼 패미콤형 게임소프트 〈드래곤퀘스트〉의 작곡가로 알려진 스기야마 코이치씨를 시작으로 애니메이션과 나란히 일본이 세계에 통용되는 것이 게임 소프트이며 여기서도 크리에이터가 게임에 필요불가결한 음악을 공급하는 송 라이터로서 등장하게 된다.

최근은 게임메이커가 작가를 자사에 전속시키는 경우가 늘어나고 있으며 그것은 예전 레코드 회사가 전속작가를 두고 있던 시대를 상기시킨다.

이제 '한 개의 게임소프트'로 화제를 전환하자. 이번엔 게임소프트에 수록된 음악 저작권의 가격에 대한 이야기이다.

일본음악저작권협회의 자료에 따르면 시판용 게임소프트에 사용되어지고 있는 저작물 1곡의 사용료는 기본사용료와 복제사용료로 나뉜다.

ⓐ 기본사용료 게임소프트의 개수에 상관없이 저작물의 사용시간 1분마다 800엔
ⓑ 복제사용료 게임소프트 1개당 저작물의 사용시간 1분마다 3엔

가령 게임 5,000개로 1개의 소프트에 2분30초의 곡이 10곡 사용되어지고 있는 경우의 사용료를 보자면,

ⓐ 기본 사용료 800엔 × 3분 × 10곡 = 24,000엔
ⓑ 복제사용료   3엔 × 3분 × 10곡 × 5,000개 = 450,000엔

이러한 합계의 474,000엔에 소비세 상당액을 더한 497,700엔이 사용료가 된다.

여기에서 CD나 DVD와 달리 상품가격은 전혀 음악저작권사용료에 관계가 없다. CD에 사용되는 경우의 음악저작권사용료를 6%로 하면 게임 뮤직의 1분 3엔이라는 것은 상당히 크다고 생각된다. 이것은 상품 콘텐츠 가운데 점하는 게임프로그램이 상품화에 따라 큰 권리부분을 가진다는 판단을 전제로 하고 있는 것이기 때문이다.

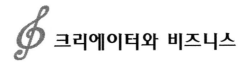

크리에이터와 비즈니스

　이 책에서는 크리에이터의 권리가 어느 정도 상품의 콘텐츠로서 중요한 부분을 점하고 있는가를 중심으로 이야기를 진행시켜 보겠다.

　그렇다면 실제로 일본의 소프트산업에 있어서 크리에이터의 권리가 지켜지고 있는지 살펴보면 그렇지 않다고 말할 수 있다.

　내가 경험해온 레코드회사와 그 주변의 크리에이터의 권리관계는 다른 엔터테인먼트 산업에 비하면 상당히 건전한 것으로 생각된다. 게임소프트 제작·판매회사, 음악배신회사, 애니메이션 제작회사, 영화회사 등의 엔터테인먼트 산업에서는 유명한 회사일수록 사내외의 크리에이터로서의 아티스트나 작가(송라이터)의 권리는 '지켜진다'고 생각되는 한편, 오히려 '빼앗기고 있다' 혹은 '수용적이다'고 하는 것이 실제 상황에 가까운 듯하다. 음악저작권에 관해서 말한다면 악곡의 거래 시 작가의 이름조차 상품에 크레딧되지 않는 것이 당연하게 여겨지는 경우가 많다. 이 본질은 약품산업이나 자동차산업, 정보산업 등 일본의 초일류기업에서도 특허권을 시작으로 한 지적재산에 관해서는 동일하다고 말할 수 있다. 구매자도 종업원도 회사라는 브랜드에 약해지거나 「강자에게 약해져라」는 식의 일본인의 발상에 깊게 뿌리내리고 있다고 생각된다. 이미 그런 시대는 예전에 지났지만.

 계약 갱신

　2년간의 계약기간이 종료되고 재계약 시기가 되었을 때 잘 나가는 아티스트의 경우 발생하는 것이 바로 재계약금의 재계약 교섭이다.

　프로야구선수라면 1년 단위로 재연봉계약이 진행된다. 연간의 시합 수는 135시합이기 때문에 객관적으로 숫자가 나오고, 또한 1년간 그 선수의 공헌도도 예측하기 쉽겠지만 레코딩 아티스트의 경우는 사정이 전혀 다르다.

　가령 2년에 2매의 앨범을 발매하고 4매의 싱글을 발매한 아티스트를 생각해 보자. 2년간 200만 장의 앨범과 150만 장의 싱글이 팔렸다면, 매상은 약 40억 엔 플러스 10억 엔으로 합계 50억 엔이 된다. 이익은 5억 엔이라면 얼마의 계약금으로 재계약이 성립될까. 먼저 지불하는 레코드회사는 '이번 2년간이 어찌됐건 간에 앞으로 2년 후는 누구도 알 수 없어. 다만 앨범환산으로 100만 장, 20억 엔 정도 팔리고 2억 엔 정도의 이익공헌이 가능하다고 보이기 때문에 재계약금은 1억 엔으로 하지', 받는 쪽의 아티스트 사무소는 이렇게 생각한다. '이익이 5억 오른 아티스트기 때문에 3억이나 4억 받아도 아깝지 않다. 실제로 다른 메이커로부터는 3억 엔의 제안이 있다.' 이렇다면 결과는 당연히 아티스트가 타사로 이적하는 것으로 끝난다.

　프로야구라면 10년간 혹은 그 이상의 선수생명이 있지만, 아티스트의 경우 그 6할은 2년에 실질적으로 '방송생명 끝'. 즉 싱글 2매로 2만 장 팔려, 첫 번째 앨범이 5천 장도 팔리지 않고 두 번째는 골칫덩이로 총 매상 3천만 엔도 되지 않는 아티스트가 6할 정도라고 생각하면 된다. 단품의 상품 사이클은 3개월, 아티스트 생명의 절정 시기는 1년 정도라고 보는 견해가 많다. 기세 좋게 '팔리고 있을 때에 얼마만큼 높게 파는가'가 사무소의 능력을 보여주는 부분이 되지만, 이익 추구를 우선시하는 레코드회사의 매니지먼트 측은 보다 현실적으로 전망을 세우기 때문에 따로 얘기할 필요도 없다.

　그리고 대부분의 경우, 이적 아티스트는 '미끄러진다', 재계약으로 일시적으로 득을 얻는 것은 사무소뿐, 빼앗긴 레코드회사도 획득한 레코드회사도 손해를 보게 된다. '아티스트에게 작별을 고할 수 있는 레코드회사', '아티스트가 작별하고 싶지 않은 레코드회사'가 아니면 일류라고 볼 수 없다.

　실무에 초점을 맞춰보면 아티스트 계약은 기본적으로 '체결전은 레코드회사가 고객'으로 사무소(아티스트)가 고개를 숙이는 입장이지만, '계약 후는 사무소가 고객'으로 레코드회사가 고개를 숙여야 한다. 계약갱신의 시점에서도 '상호 50:50으로 협력하고 계약을 맺어, 사이좋게 꿈의 금메달을 획득하자'라는 신뢰관계를 입증시키는 것이 가장 좋을 것이다.

원반을 가진 사람이 유리한가

IT 비즈니스에서나 음악배신에서나 최근 화제가 되고 있는 콘텐츠의 중요성을 높게 인식하여, '원반을 가지지 않으면 안 된다'라는 극히 단순한 결론을 유일한 것이라고 맹신하는 사람을 자주 만나게 된다. '단순한 결론'이라면 '1만 장 팔린 상품이라면 원반을 가지고 있어도 돈이 안 되지만 5만 장이라면 된다'는 것이다. 이것은 어디까지나 필자의 생각으로 각각 사람마다 각각의 입장에서 생각해야 하겠지만 말이다.

통상 앨범 CD의 경우(아티스트 측에 계약금을 연간 120만 엔, 월 10만 엔을 지불해도), 레코드회사의 경우 사외원반이라면 5천 매 팔면 본전(손익제로)인 정도이다. 더욱이 1만 장 팔리면 300만 장 정도의 이익이 나온다. 이것이 가령 자주원반이라면 500만 엔의 제작비를 갚고도 8천 엔이 남는다. 자주원반이란 메리트(즉 외부원반보다 이익 효율이 좋다)는 2만 장 이상 팔리는 시점부터 발생하게 된다. 즉, 2만 장 이하인 것은 돈(제작비)은 내고 싶지 않다 혹은 내지 않게 되는 것이다.

아티스트 측에서 보면 자신에게 500만 엔을 들여서 마스터를 만들어도 원반 인세만으로 본전을 겨우 회수하는데다가 1만 4천 장 정도 팔지 않으면 빚을 다 갚지 못한다. 5만 장 정도 팔리기 시작해야 1천만 엔 정도 이익이 나온다. 최초부터 레코드회사에서 원반을 가지고 있으면 첫 번째 레코드부터 아티스트 로열티 외의 이익이 발생하게 된다. 팔리지 않는 가격은 원반을 가지고 있어도 부담이 되면 되었지 득이 되지는 않는다. 5만 장 정도 즉 1억 엔 이상의 마켓 규모의 작품이 되었을 때는 아티스트로서 개런티가 올라가는 것 외에 출판관련·2차사용 관련·머천다이징 관련·초상권 관련, 아니면 영상화 등... 원반인세 이외의 수입으로 연결되기 때문에 1천만 엔의 원반 인세의 배수의 돈이 들어오게 된다. 계산상은 1만4천 장에서 그 이상 팔리면 돈이 되지만 1만4천 장 팔리는 사이 필요한 제작비 외의 경비를 생각하면 '2만이나 3만 장 팔려도 안 된다'는 게 된다. '역시 5만 장은 넘어야 하는 것이다.'

뮤직 비즈니스의 스타트 지점

　이러한 복잡한 숫자들을 함께 읽어 내려와 주신 독자 분들에게 감사의 마음을 전하고 싶다.

　음악비즈니스의 본래 목표는 음악을 듣는 사람의 마음이다. 바꿔 말하면 듣는 이의 마음속이야 말로 가장 근원적인 의미로 크리에이티비티가 있다는 것이다. 당신의 음악의 존재가치는 당신의 음악을 들어주는 사람, 듣는 이의 마음속에 있다. 듣는 이의 마음에서부터 뮤직 비즈니스는 시작되는 것이다. 그것이야말로 당신이 시작해야 할 지점인 것이다.

제7장

스타탄생

아마추어 뮤지션 히로시의 경우

'우리들의 CD를 만들어서 팔아보자'고 결심한 것은 히로시가 도내에 있는 몇 군데 라이브하우스의 준 레귤러 밴드가 되었을 때 부터였다. 히로시의 THE DONBA는 고등학교의 동급생 준과 히로시가 중심이 되어 만든 밴드이다. 처음에는 문화제와 파티의 출연밴드 주요 출연자였고, 팝송을 커버하는 연주를 해왔지만 점점 히로시 작사, 준 작곡으로 오리지널 곡을 만들어 연주하는 것으로서 고등학교 졸업 후에도 함께 밴드활동을 계속해왔다.

고교 동급생, 아유미는 학급에서도 1, 2등을 하는 수재이면서 인기가 많은 여학생이었다. 원래 밝고 명랑한 인기인이었기 때문에 남학생들이 가만히 두지 않았다. 그녀의 꿈은 영국으로 유학 가서 좋아하는 영국문학과 미술을 배우는 것이었다. 인기 많고 꿈도 많은 아유미를 소재로 만든 히로시의 곡은 라이브하우스에서도 관객들로부터 큰 호평을 받았다.

활동을 계속하는 도중에 THE DONBA의 한 여성 팬이었던 우에코가 보컬을 맡게 되며 팬이 더욱 더 증가했다. 그리고 팬의 요청도 있어 자주제작 CD를 만들게 되었다.

CD는 4곡이 수록되어있고 1,000엔인 CD를 1,500매 제작했다. 제작비 외 모든 비용은 밴드 5명이 균등하게 부담했다. 우선 스튜디오에 들어가기 전에 준이 자택녹음으로 디지털 퍼포머 등의 음악편집용 어플리케이션을 구사해 반주 트랙을 작성, 베이스, 드럼, 스트링 등은 거의 완성 형태까지 마무리했다. 스튜디오와 제조에 드는 비용이외는 모두 멤버의 자원봉사형식으로 이루어졌다. 라이브하우스에서 번 돈에 대해서는 장소비용으로서 매상의 10%를 라이브하우스에 지불해야했다. 후에는 친구들과 지인에게 도움을 받았다. 홈페이지에서 선전해 송부료(@220엔)를 더한 요금을 우체국까지 보내 받아 입금 후에 1장씩 CD송부용 봉투(@80엔)에 넣고, 더욱이 B5사이즈의 손으로 만든 전단지를 넣어서, 우표(@140엔)를 붙여서 우송했다.

수 익 :		비 용 :	
① CD매상	1,300,000	① 스튜디오료	100,000
	(=1,000×1,300)	② 엔지니어료	20,000
		③ 연주료	0
		④ 사보(寫譜)료	0
		⑤ 프로듀스료	0
		⑥ 마스터링 비용	80,000
		⑦ 자켓/판 인쇄 비용	300,000
		⑧ 디자인 비용	0
		⑨ 판촉비	150,000
		비용합계	650,000
		이익:	650,000

재고품·샘플사용 200매

계산상으로는 멤버 한명 당 13만 엔 씩 부담해 13만 엔의 이익이 되지만 녹음 준비와 회식비, 교통비, 홈페이지 작성과 CD송부 등까지 생각하면 적자였다.

CD를 발매했을 때 출연하고 싶었던 인디작품 프로그램의 라디오에 1회 방송된 것을 계기로 음악저작권 등록을 하는 것이 좋겠다고 누군가로부터 조언을 받았다. 거기서 다른 밴드동료를 소개받아 음악배신과 음악출판사를 하고 있는 LOVEJAPAN이라는 회사에 맡겨, MD로 다운로드 가능한 배신을 받아 그것을 공표 실적으로서 일본음악저작권협회에 악곡등록을 받았다.

배신 자체는 자신들의 샘플CD를 LOVEJAPAN의 직원에게 전하는 것만으로도 할 수 있었지만, 음원을 제공한 때의 계약서도 정식으로 맺었다. 그 계약서에서 원반로열티를 20%로 했다. 250엔으로 고객이 다운로드를 하면, 밴드에게 50엔이 들어오게 된다. 5명으로 나누면 10엔이므로 이것은 이미 일본음악저작권협회에 등록한 것 자체가 큰 메리트로 생각된다.

일본음악저작권협회 등록이 있어서 히로시와 준이 LOVEJAPAN과 '저작권계약서'를 맺었다.

계약에 드는 비용도 계약서에 붙은 인지세의 200엔뿐이었다. '저작권계약'이 음악출판사에게 자신의 악곡권리를 모두 부여하거나 위탁할 수 있는 것에 우선 놀라지 않을 수 없었다. 그리고 계약 후 LOVEJAPAN이 그 악곡을 일본음악저작권협회에 작품신고서를 제출하는 것에 의해 정식 등록했다. 악곡이 사용된 분배금이 있을 때, LOVEJAPAN이 3분의 1의 수수료를 취하고, 남은 3분의 1씩을 히로시와 준이라는 작가에게 분배하는 것이다. 또 LOVEJAPAN도 회사로서 악곡을 프로모트해준 것이다. 10년 계약의 1년 자동갱신으로 장기간인 것에 히로시는 좀 놀랐지만, 자신이 죽어도 50년간 권리를 자손과 후손에게 물려주게 된다는 이야기를 듣고 수긍했다.

이 등록이 나중에 히로시의 일생을 좌우하는 될 줄 그때는 아무도 예측할 수 없었다.

프로뮤지션, 히로시의 경우

돌연히 인기가 떨어진 대히트곡 '호시노 다이아몬도' 이후, 가끔 프로작가로서 다른 뮤지션에게 곡을 제공하게 된 히로시는 개인의 명의로도 일본음악저작권협회와 신탁계약을 맺게 되었다. 그러나 그는 전혀 자신의 생활페이스를 바꾸지 못하고, 언제나 자신의 방에서 음악을 즐기고, 작곡을 계속해왔다. 방의 텔레비전을 켜놓은 채로 CD 등을 들을 때에도 음은 줄이고 영상만 틀었다. 작곡 의뢰가 도중에서 끊어져도 히로시는 전혀 신경 쓰지 않았다. 음악의 유행과 자작곡의 방향성의 벡터가 맞지 않으면 팔리는 것도 없다고 그 나름대로 수긍했기 때문이다.

그러나 어느 날 히로시가 악상을 떠올리려 공원을 걷고 있는데, 휴대전화 착신음으로 '호시노 다이아몬도'가 흘러나왔다.

"여보세요! 히로시, 우에코야."
"아, 지금 잘 나가는 여가수가 나한테 무슨 일이야."
"이번 앨범부터 내 그룹의 공식 멤버로서 작곡에 참가해줬으면 해서."

우에코가 소속한 프로덕션 GEINO-SHA는 롯본기의 변두리 빌딩 1층에 있었다. 그곳에서 사무소의 전속그룹 THE FIVE의 한 멤버로서 아티스트계약을 맺고, 히로시도 공식 프로 뮤지션의 동참을 완수할 수 있었다. 다만 GEINO-SHA와의 계약 기간은 2년, 월급은 10만 엔, 그리고는 CD의 매상의 1%를 아티스트 인세로 준다는 것이었다. 그는 기타 플레이어로서는 특별히 기술적으로 뛰어나진 않았지만, 우에코를 시작으로 주위의 뮤지션들과 그의 스트라토 기타, 테레캬스 기타로부터 만들어지는 소리의 울림과 프레이즈(Phrase)는 높은 평가를 받고 있다.

레코딩은 고부치자와의 스튜디오에서 합숙하며 하게 되어 앨범용으로 모두 12곡이 1개월에 걸쳐져 스튜디오 작업을 통해 녹음되었다. 트랙다운과 EQ마스터링은 뉴욕에서 하고, 녹음과 마스터링의 경비는 모두 GEINO-SHA의 담당매니저가 지불했다.

최종적으로는 음원제작비로 2,000만 엔의 프로젝트가 되었다.

메커니컬·로열티(녹음권 사용료) : 메이저·레코드회사로부터 발매를 상정
                                   : 세금포함 정가 2,700엔
                                   : 원반인세 1% 24.3엔
                                   : 저작권인세 1장 125엔(작사·작곡, 전곡)

매	원반인세 (1%)	원반인세 (13%)	원반인세 (15%)	저작권인세 (1/1)	저작권인세 (1/1)
1	24	316	365	125	42
1,000	24,300	315,900	364,500	125,000	41,667
3,000	72,900	947,700	1,093,500	375,000	125,000
5,000	121,500	1,579,500	1,822,500	625,000	208,333
10,000	243,000	3,159,000	3,645,000	1,250,000	416,667
30,000	729,000	9,477,000	10,935,000	3,750,000	1,250,000
50,000	1,215,000	15,795,000	18,225,000	6,250,000	2,083,333
100,000	2,430,000	31,590,000	36,450,000	12,500,000	4,166,667
300,000	7,290,000	94,770,000	109,350,000	37,500,000	12,500,000
500,000	12,150,000	157,950,000	182,350,000	62,500,000	20,833,333
1,000,000	24,300,000	315,900,000	364,500,000	125,000,000	41,666,667

원반에 관한 계약이 GEINO-SHA와 일본 벡터의 사이에서 맺어졌다. 원반을 GEINO-SHA가 제작해, 그것을 일본 벡터에 양도하는 '원반 양도계약'이 맺어졌다. 원반인세(로열티)는 15% 계약기간 4년, 1년간의 자동갱신비용이다.

원반에 관한 계약이 GEINO-SHA와 일본 벡터의 사이에서 맺어졌다. 원반을 GEINO-SHA가 제작해, 그것을 일본 벡터에 양도하는 '원반 양도계약'이 맺어졌다. 원반인세(로열티)는 15% 계약기간 4년, 1년간의 자동갱신비용이다.

원반인세의 퍼센트는 매상에 따라서 원반원인 GEINO-SHA에 의해 점차 계약이 증가하게 되었다.

    1~10만 매   15% : 10만 매로 3,645만 엔
    10만 1~30만 매 16% : 30만 매로 1억 1,664만 엔
    30만 1매 이상   17% : 50만 매로 2억 655만 엔

GEINO-SHA가 최초로 부담한 2,000만 엔은 원반인세의 선불로서 일본벡터로부터 GEINO-SHA에 지불되었다. 이 2,000만 엔을 갚으려면 (20,000,000 ÷ 364 =)약 55,000매의 매상이 필요하기 때문에 GEINO-SHA에 일본벡터로부터의 원반인세지불이 발생한 것은 이 숫자이상의 매상이 계산된 후라는 것이다.

히로시의 아티스트인세의 1%(정확하게는 GEINO-SHA의 수취인세의 15분의 1)는 GEINO-SHA와의 계약으로 하면 10만 매로 243만 엔, 30만 매로 778만 엔, 50만 매로 1,377만 엔이 된다. 실제로 싱글도 앨범에 합쳐서 발매되므로 싱글이 만약 1,000엔으로 30만 매 팔리면 (7,290,000 ÷ 2.7 =)270만 엔의 수입이 플러스되는 것이다.

히로시의 음악저작권에 관해서는 GEINO-SHA의 출판부가 관리하

고 있어, 히로시와 게이노샤출판 간의 저작권계약서에 의하면 일본
음악저작권협회로부터 분배된 앨범의 저작권료의 3분의 1이 히로
시에게 들어오게 된다. 기본적인 분배율은 악곡의 공동작자로 있
는 우에코와 히로시가 각각 3분의 1, 출판사인 GEINO-SHA가 3분의
1이다.

앨범이 1장 팔리면(정확히는 1장 영업소로부터 출하된다), 히로시의
계좌에 42엔의 아티스트인세가 들어온다(앞 페이지의 표를 참조).

여기에서 히로시의 아티스트인세와 저작권인세를 계산한 표는
다음과 같다.

매상 매수	아티스트인세	저작권인세	합계
10만 매	243	417	660
30만 매	778	1,250	2,028
50만 매	1,377	2,083	3,460
100만 매	2,755	4,167	6,992

(단위 : 만 엔)

실제 고부치자와에서 녹음한 곡은 우에코와 히로시의 의도대
로 많은 팬의 인기를 얻어 첫 회부터 20만 매, 1개월 후에는 30
만 매를 넘기는 대히트가 되었다. 그 앨범의 리드 싱글 「호시노
히코우센」은 자신이 있을 곳을 찾아 소년부터 어른에의 여행을
하는 젊은이가 테마였다. 누구라도 가지고 있는 방황, 번뇌, 좋
아하는 것, 믿고 싶은 것, 약한 자신과 강한 자신을 말하는 이야
기, 블루스장르로 서정적인 기타연주를 가미한 곡이다.

CD발매부터 반년 정도 후, 히로시는 처음으로 저작권인세를
입금 받았다. 금액은 약 1,500만 엔이었다. 정확히 1개월 전에

GEINO- SHA로부터 아티스트인세로서 900만 엔의 입금이 있었으니까 모두 약 2,400만 엔의 수입이었다.

히로시가 3개월마다 받는 음악저작권의 계산서를 잘 보면, '녹음권료'와 '연주권료'로 인세가 나뉘어서 기재되어있는 것을 알 수 있다.

GEINO-SHA의 출판부의 사쿠라기 부장에게 질문하자, 바쁜데도 불구하고 사무실에서 커피를 마시면서 흥미로운 출판에 관해서 이야기를 들을 수 있었다.

'녹음권료'라는 것은 영어라면 메커니컬 로열티를 말하는 것으로, CD와 비디오 등 패키지에 포함되는 것이라고 한다. '연주권료' 퍼포먼스 로열티라는 것은 텔레비전 라디오에서의 방송과 라이브에서의 실연으로, 그의 곡이 사용된 때에 발생하는 저작권료 같다.

이만큼 여러 가지 형태로 음악저작권이 발생하고 있다면 자신에게 언제 얼마만큼 들어갈지 짐작할 수 없다. 더욱이 사쿠라기 씨에 의하면 CD를 처음으로 녹음하는 것은 녹음권사용료에 들어가는 것을 알았다. 대여 레코드·대여 비디오도 녹음권사용료가 된다고 한다. 영화·가라오케·통신 가라오케·인터렉티브 배신은 음의 고정단계에서 녹음권사용료가 발생하고, 더욱이 그것을 내보내 이용한 단계에서 연주권사용료가 발생한다. 녹음권은 카운트하거나 사용료를 징수하는 것은 비교적 간단하지만 연주권의 방법은 일본음악저작권협회와 같은 전국에 거점을 두고, 역사가 있는 저작권단체가 아니면 징수하는 것은 무리라고 생각되었다.

분배항목	이용자에서 일본음악저작권협 회회수기간	일본음악저작권협회에서 출판사에 분배
상연	7~3개월 전분	3개월 매(3, 6, 9, 12월 말)
연주	7~3개월 전분	3개월 매(3, 6, 9, 12월 말)
사교장	6~3개월 전분	3개월 매(3, 6, 9, 12월 말)
가라오케	6~3개월 전분	3개월 매(3, 6, 9, 12월 말)
비디오 상영	12~6개월 전분	6개월 매(3월 말, 9월 말)
방송(포괄)	7~6개월 전분	3개월 매(3, 6, 9, 12월 말)
방송(방송대학학원)	18~6개월 전분	12개월 매(12월 말)
방송(CM 등 곡별)	7~6개월 전분	3개월 매(3, 6, 9, 12월 말)
유선음악방송	24~12개월 전분	6개월 매(3월 말, 9월 말)
영화상영(포괄)	12~6개월 전분	6개월 매(3월 말, 9월 말)
영화상영(곡별)	6~3개월 전분	3개월 매(3, 6, 9, 12월 말)
외국입금(연주 녹음)	7~6개월 전분	3개월 매(3, 6, 9, 12월 말)
디스크 테이프·오르골(포괄)	6~3개월 전분	3개월 매(3, 6, 9, 12월 말)
디스크 테이프·오르골(개별)	청구 시	청구 시
방송용 녹음(포괄)	7~6개월 전분	3개월 매(3, 6, 9, 12월 말)
방송용 녹음(방송대학)	7~6개월 전분	3개월 매(3, 6, 9, 12월 말)
상업 방송용 녹음	6~3개월 전분	3개월 매(3, 6, 9, 12월 말)
영화녹음	6~3개월 전분	3개월 매(3, 6, 9, 12월 말)
비디오 그램 영화(포괄)	7~6개월 전분	3개월 매(3, 6, 9, 12월 말)
비디오 그램 영화(개별)	6~3개월 전분	3개월 매(3, 6, 9, 12월 말)
비디오 그램 음악(포괄)	7~6개월 전분	3개월 매(3, 6, 9, 12월 말)
비디오 그램 음악(개별)	청구 시	청구 시
출판	청구 시	청구 시
대여 레코드	6~3개월 전분	3개월 매(3, 6, 9, 12월 말)
대여 비디오	12~6개월 전분	6개월 매(6월 말, 12월 말)
통신 가라오케	6~3개월 전분	3개월 매(3, 6, 9, 12월 말)
인터렉티브 배신	6~3개월 전분	3개월 매(3, 6, 9, 12월 말)
사적녹음보상금	9~3개월 전분	6개월 매(6월 말, 12월 말)

작사에 대해 사쿠라기씨로부터 들은 '리코딩 윤리'에 맞지 않는 가사·작품에 사용할 수 없는 가사에 대한 이야기도 유용한 것이었다. 퍽틱이라는 그룹이 코란의 독경 소리가 흘러나오는 가두녹음을 효과음과 같이 CD수록하여 이슬람 국가에서 클레임이 들어와 상품을 전국에서 회수하고, 상품 그 물건의 폐기현장까지 각국의 대사관관계자를 불러 폐기를 증명했다는 이야기는 놀라웠다. 또한 사쿠라기씨의 차별용어·마약문제·신체장애 문제 등에 대한 이야기도 작사를 하는 것에 있어서 상당히 참고가 될 만한 것들이었다.

히로시와 ueko를 중심으로 한 5피스 밴드, THE FIVE는 앨범 발매기념 콘서트로 전국 24개소를 투어했다. 투어의 비용은 레코드 회사에서 콘서트 원조금을 지원했지만 팬을 위해 3,000엔으로 티켓을 낮추었기 때문에 콘서트가 만원이었어도 사무소가 이득을 볼 수 없었다. 다만 'THE FIVE'의 로고를 사용한 T셔츠·콘서트 팸플릿·픽크·피규어·휴대폰 줄·캘린더·부채가 크게 판매되어 이 매상으로부터 얻게 되었다.

히로시는 투어 중에 특별수당으로서 사무소에서 매월 40만 엔을 받았다. 더욱이 콘서트가 끝난 2개월 후에 머천다이징 매상의 10%가 THE FIVE의 멤버 한 사람에 2%씩 계산되어 지불되었다.

24개소 × 90만 엔 = 2,160만 엔
2,160만 엔 × 0.02 = 43.2만 엔

프로모션 활동에 가장 중요한 미디어인 TV에 실연이나 인터뷰가 있는 프로그램이고 이 예약의 주도권은 GENIO-SHA의 THE FIVE 담당 매니저가 가지고 있고, 레코드 회사에 맡겨진 것은 일절 없었다. 히로시도 TV에 출연하는 것 자체는 싫어하진 않았지만 그 출연량과 리허설 때문에 힘들어했다. 그런 방송 중에 1, 2위를 다투는 강력한 '무지카 TV'에 출연했던 때만은 히로시도 즐거워했다.

'무지카 TV'의 DX-TV 프로듀서 카무이라는 사람이, 히로시가 나온 중학교 선배여서, 여러 가지 가르침을 주거나, 친하게 대해 주기도 했기 때문이다.

TV스튜디오의 대기실에는 기도하는 곳이 있어 베테랑 아티스트의 대부분이 스튜디오 안에 들어올 때는 반드시 기도를 하고 난 뒤 일을 시작한다. '카메라 시선' 처리에 있어 사와다 도쿠이 씨가 지금까지도 최고의 표본이 되고 있다는 것. 바리 마니로우의 카메라 리허설은 바리를 대신하여, 전속 안무가가 바리의 의상을 가지고, 1회 리허설에서 완벽한 바리 마니로우의 실전이 실현되는 것. 프로듀서와 사무소 매니저, 레코드 회사의 선전담당자와의 관계 등, 재미있는 이야기를 많이 해주었다. 카무이씨 제작의 모토는 'TV를 보는 사람의 마음을 들여다보는 것'이어서 이것은 히로시가 평소 라이브에서 '팬의 시선에 스테이지 전체를 잡는 것'을 중요하게 여기던 것과 같다고 느꼈다.

순식간에 2년이 지났다. 최초 투어 활동을 시작한 때부터 사무소에서 월급을 50만 엔 받고, 3개월마다 아티스트 인세와, 음악저작권인세 그 외에 히로시의 연 수입은 5,000만 엔 가까이 되었다.

그런데 ueko와 히로시 이외의 밴드 멤버는 저작권수입이 없어서 두 사람의 4분의 1정도 밖에 수입이 되지 않았기 때문에 불만이 더 심해져 멤버 사이가 멀어지게 되었다.

GEINO-SHA 출판사의 사쿠라기씨의 조언으로 다음 회 작품에서 음악저작권의 내역을 ueko와 히로시 두 사람을 포함한 12분의 7(작사 12분의 4, 작곡 12분의 3), 남은 12분의 1을 편곡자 지분으로 하고 남은 멤버 3명이 3분할을 한다는 것이다. 여기서 악곡이 처음 CD화된 때에 편곡자로서 남은 멤버를 등록해두는 것에 의해, 녹음권인세 12분의 1, 더욱이 가라오케 연주료의 12분의 1도 3명에게 분배된다.

그래도 다음 앨범 제작에 대해 밴드 안의 의견이 나뉘어, 사이좋았던 멤버도 점점 말 수가 줄어, 차가운 관계가 되었다.

"카무이 선배, 어떻게 하면 좋을까요?"

히로시는 DX-TV 카무이에게 방송국에서 가까운 찻집에서 상담을 했다.

"어디든 괜찮지만, 레코드 회사 사무소에 부탁하여 다른 멤버의 오리지널 솔로 앨범을 내도록 하는 게 좋지 않을까. 지금이라면 기획과 곡만 좋다면 1만 장은 팔릴 거야, 분명."

밴드의 분열을 결정지은 건 사무소가 레코드 회사와 협력하여 맺은, 타이완에서의 앨범발매 기념 프로모션 라이브 건이었다. 대만에서는 일본의 음악 사무소가 경영하는 프로모션 전문회사가 두 개 있고, 그 중 하나가 전면 위탁하여 쇼 케이스 라이브를 중심으로 약 1주간의 대만 캠페인이 이뤄졌다.

첫 해외 라이브로 멤버 전원도 기분이 들떴고, 사무소로서는 이것을 이용하여 또 멤버의 결속이 이뤄질 거라고 기대했다. 하지만 가보니 TV 방송은 버라이어티뿐이고, 노래가 있어도 립싱크, 잡지 인터뷰는 ueko만 받는 형태로, 찍힌 사진도 아이돌 터치 것들뿐이고 그리고 마지막 스케줄이었던 라이브도 2천 명 정도 수용하는 디스코로 립싱크 하는 것이었다.

"이대로 계속 연주할 수 없어."
"우리가 언제부터 댄스 밴드였던 거야."

라고 있을 수 없는 상황에 허망한 기운이 들고 THE FIVE는 점점 더 혼란에 빠져들게 되었다.

프로뮤지션 히로시의 재출발

몇 년 만에 만난 준은 게임소프트 제작판매 회사 반자이의 자회사인, 종업원 10명 정도의 작은 음원제작회사 데키야 엔터테인먼트 사장이 되어 있었다.

"지금도 THE DONBA의 이름으로 라이브를 하고 있어."

"아, 너 신주쿠의 데키야 엔터테인먼트의 사장이었잖아."

"아, 하지만 밴드인지 뭔지 3일 하니까 그만둘 수 없다고 하잖아. 데키야의 종업원이랑 얘기해보니 전원 뮤지션이었어. 주어진 자신의 일만 제대로 해준다면 언제 회사에 가는지 회사에 나가서 무엇을 하는지 날 포함해 뭐든지 자유야. 내 경우로 말하자면 밤 11시 정도까지 회사에서 일하고 그 후 밤새서 리허설을 하고 아침에 회사에서 자고 또다시 일을 하는 편이야. 이 페이스라면 일도 밴드도 잘 돌아가. 밴드에서는 노래는 하지 않지만 게임에서는 이 몸이 가수로서 출연하고 있다고. I Can't stop loving job이라는 느낌이지."

준은 지금도 음악출판사의 LOVEJAPAN과 일을 하고 있다. 자신만이 아니라 자신의 회사 크리에이터들을 위해서라도 경시받는 경향이 있는 게임 뮤직 크리에이터의 권리를 지키고 뒤의 사람들이 우리의 길을 걸어올 때에도 꿈이 있는 회사로, 또 데키

야 엔터테인먼트로서의 회사의 회사성을 높여간다는 것이 준의
모토이다.

"나쁜 일을 해서라도 돈을 벌려는 회사는 무너질 뿐이야. '사
회에 도움이 되는 정당한 회사'만이 남아야 해."

"휴~"

준과 헤어지고 나서 한숨을 쉬고 히로시는 밤하늘을 올려다보
았다. 지금까지 THE FIVE의 GEINO-SHA와의 계약도 일본 백터로
부터의 CD발매 자체가 무기한 연기상태이기 때문에 유형무실,
아무런 의미도 없게 되었다. 밴드는 공중분해 되었다.

"준의 스탠스는 대단해. 좋아하는 음악을 즐겁게 하면서
당당하게 일을 하고 있어. 주위 사람에게도 신용 받고 클라
이언트나 임원으로부터의 신뢰도 절대적이야. 역시 그 녀석
은 대단해. 나도 내가 좋아하는 음악을 나만의 페이스로 즐
기면서 했던 때가 최고였었어."

라고 히로시는 생각에 잠겼다.

히로시가 에비스역 빌딩에 있는 서점을 걸어 다니는데 핸드폰
에서 '호시노 다이아몬도'의 벨소리가 흘러나왔다.

"히로시 군, 나, 카무이인데, 상담할 게 있어. 시간 좀 내주면
안 돼?"

DX-TV 음악 프로그램 프로듀서였던 카무이의 상담은 DX-TV를
퇴사하고 히로시의 음악 사무소를 설립하고 싶다는 것이었다.

"카무이 씨라면, 정말 든든해요. 다만 내가 할 수 있는 건 작곡

과 기타 정도라서 저를 위한 사무소는 정말로 가능한 걸까요?"

"물론이야. 괜찮아. 히로시라면 할 수 있어."

두 사람이 임원이 되어 설립한 음악사무소 '오피스 히로시'를 위해 우선 카무이가 한 일은 히로시의 레코드 회사 이적이었다. 일본 벡터에서 MI 엔터테인먼트의 이적을 함께 일본 벡터와 GEINO-SHA의 계약해제이적금을 MI 엔터테인먼트에서 지불하려 하는 매니저로서의 대담한 행동을 카무이는 잘 처리했다. 업계에서는 이 이적을 '카무이의 신적 능력'이라고 불렀다.

다음으로 카무이가 생각한 것은 히로시의 또 하나의 재능을 발굴하는 일이었다. 사실 히로시에게는 그림에 재능이 있었다. 존 레논을 닮은 데생을 몇 개인가 모아서 카무이는 교바시의 백화점에 히로시의 개인전을 열었다. 회장에서 나오는 음악은 물론 히로시의 오리지널 앨범이다. 이것이 MI 엔터테인먼트 이적 제 1탄 앨범이다.

앨범은 2장 전 40곡. 각 곡의 일본 각지의 자연이나 사람의 목소리, 전통 악기의 소리를 샘플링하고 그 소리로부터 영감을 얻은 오리지널 악곡을 독일의 유명 뮤지션과 히로시가 공동작곡하여 연주한 콜라보레이션이었다. 자켓에는 물론 히로시가 그린 그림을 석판화라는 인쇄방식으로, 그것도 교토의 미술인쇄 전문 인쇄소에서 찍어 낸 것을 사용했다.

일과가 끝났을 때, 행복을 나르는 '뮤직 파티'
'마음이 요구하는 음악과 회화의 융합'

이 일견, 검소하다고 생각할 수 있는 기획 앨범도 사실은 동양 붐에 비등한 유럽에서의 발매를 의식한 것으로 이 앨범은 파리의 레코드 회사 라스트 콜라에서 프랑스 발매가 되어 그 후 유럽 각 국과 미국에서도 발매되어 결과적으로는 유럽에서 50만 세트를 미국에서 10만 세트, 일본에서 5만 세트를 판매를 기록 했다. CD발매에 동반되는 원반인세와 녹음권에 동반하는 저작 권인세를 합쳐서 히로시 계좌에 발매 후 9개월 후까지 입금된 인세는 상당한 금액이었다.

아티스트 인세(2%) : 3,600 ÷ 2,700 × 50,000 × 24엔 + 3,600 ÷ 2,700 × 600,000 × 24엔 × 0.9 = 18,880,000엔
원반인세분배(5%) : 18,880,000 × 5 ÷ 2 = 47,200,000엔
저작권 인세(2%) : 3,600 ÷ 2,700 × 50,000 × 42엔 + 3,600 ÷ 2,700 × 600,000 × 42엔 × 2 ÷ 3 = 25,200,000엔

더욱이 악보의 인세나 연주권료 등의 저작권료 · 저작인접권을 동반하는 수입을 더해, 그 위에 대상의 화집이나 상품화의 매상 에서의 보수를 포함시키면 히로시의 연 수입은 적어도 1억 엔을 넘는 것이었다. 또 카무이와 히로시 희망으로 CD매상의 일부도 상품화 수입의 일부는 어느 정도 세계 자연 보호단체에 기부되 었다.

오피스 히로시 사업계획(창업 1년차)

(단위 : 천 엔)

주요과목	1개월 차 1월	2개월 차 2월	3개월 차 3월	4개월 차 4월	5개월 차 5월	6개월 차 6월	7개월 차 7월	8개월 차 8월	9개월 차 9월	10개월 차 10월	11개월 차 11월	12개월 차 12월	1년차 합계
계약금 원조금			100,000	1,000	1,000	1,000	1,000	1,000	1,000	1,000	1,000	1,000	109,000
일반인세								34,000	300,000		500	500	335,000
출판인세			1,000			1,000			48,400			1,000	51,400
머첸						4,000							4,000
점매상						500	500	500	500	500	500	500	3,500
매상고	0	0	101,000	1,000	1,000	6,500	1,500	35,500	349,900	1,500	2,000	3,000	502,900
일반 제작비	5,000	5,000	5,000	5,000	0	0	0	0	0	0	0	0	20,000
타 직접 원가						2,000							2,000
합계이익	-5,000	-5,000	96,000	-4,000	1,000	4,500	1,500	35,500	349,900	1,500	2,000	1,000	478,900
고정경비	1,000	1,000	1,000	2,000	2,000	2,000	2,000	2,000	2,500	2,500	2,500	2,500	23,000
인원보수	0	0	1,000	1,000	1,000	1,000	1,000	1,000	151,000	1,000	1,000	1,000	160,000
영업이익	500	500	500	500	500	500	500	500	500	500	500	500	6,000
금융이자	500	500	500	500	500	500	500	500	500	500	500	500	6,000
타 영업 외 이익	500	500	500	500	500	500	500	500	500	500	500	500	6,000
경상이익	-5,500	-5,500	94,500	-6,500	-1,500	2,000	-1,000	33,000	196,900	-1,500	-1,000	-2,000	301,900
현재 예금잔고	24,500	19,000	113,500	107,000	105,500	107,500	106,500	139,500	336,400	334,900	336,900	331,900	452,500

오피스 히로토시 사업계획(창업 2년차)

(단위 : 천 엔)

주요과목	13개월 차 1월	14개월 차 2월	15개월 차 3월	16개월 차 4월	17개월 차 5월	18개월 차 6월	19개월 차 7월	20개월 차 8월	21개월 차 9월	22개월 차 10월	23개월 차 11월	24개월 차 12월	2년차 합계
계약금	1,000	1,000	1,000	1,000	1,000	1,000	1,000	1,000	1,000	1,000	1,000	1,000	12,000
원반인세		500	500		500	500		17,000	148,000		500	500	168,000
출판인세			1,000			1,000			24,200			1,000	27,200
머천						4,000							4,000
잔매상	500	500	500	500	500	1,000	1,000	1,000	1,000	1,000	1,000	1,000	9,500
매상고	1,500	2,000	3,000	1,500	2,000	7,500	2,000	19,000	174,200	2,000	2,500	3,500	220,700
원반제작비	5,000	5,000	5,000	5,000									20,000
타 직접 원가						2,000						2,000	4,000
한계이익	-3,500	-3,000	-2,000	-3,500	2,000	5,500	2,000	19,000	174,200	2,000	2,500	1,500	196,700
													0
													0
고정경비	2,500	2,500	2,500	2,500	2,500	2,500	2,500	2,500	3,000	3,000	3,000	3,000	32,000
임원보수	1,000	1,000	1,000	1,000	1,000	1,000	1,000	1,000	151,000	1,000	1,000	1,000	162,000
영업이익	500	500	500	500	500	500	500	500	500	500	500	500	6,000
금융이자	500	500	500	500	500	500	500	500	500	500	500	500	6,000
타 영업외 이익	500	500	500	500	500	500	500	500	500	500	500	500	6,000
경상이익	2,000	2,000	2,000	2,000	-3,000	-3,000	-3,000	-3,000	-153,500	-3,500	-3,500	-3,500	-16,8000
현재 예금잔고	333,900	335,900	337,900	339,900	336,900	333,900	330,900	327,900	174,400	170,900	167,400	163,900	163,900

〈음악저작권(녹음권사용료)의 흐름 : 해외〉

기간 (1회 째)	명칭		일수 (최장)	월수	기간 (2회째)	일수	월수
	작가	히로시					
	레코드제작자	오피스 히로시					
4/1~6/30 발매	레코드 회사	라스트 코러스 사	0	0	4/1~6/30 발매	0	0
6/30 보고			90	3.0	12/30 보고	270	9.0
8/30 입금			150	5.0	2/28 입금	330	11.0
	저작권협회	SACEM					
9/20 보고			170	5.7	3/20 보고	350	11.7
9/25 입금			175	5.8	3/25 입금	355	11.8
	서브 출판사	코러스 라스트 출판사					
9/30 보고			180	6.0	3/30 보고	360	12.0
11/30 입금			240	8.0	5/30 입금	420	14.0
	출판사	오피스 히로시 출판사					
12/30 입금			270	9.0	6/30 입금	450	15.0
	작가	히로시					

　작가 히로시에게 제1회 음악저작인세료의 지불은 CD발매 후 9개월이 지난 후부터이다. 프랑스에서는 저작권협회의 사용료징수는 6월 말과 12월 말 연 2회이다. 그렇기 때문에 제 2회째의 인세의 입금은 11개월이 지나고 나서부터이다. 연 2회 사용료계산이라는 것은 미국·영국·유럽 각국과 공통으로 4회 일본저작권협회의 징수 시스템이 예외가 된다.

　또 프랑스의 소비세는 17%(일본은 5%)이다. 인세는 세금을 뺀 정가에 대한 계산이 된다. 따라서 같은 세금 포함 가격 CD라면 이 차이 12%분 프랑스 CD 1장에 해당하는 인세는 일본 인세보다 적어 0.87배가 된다. 거기에다 서브 출판사 수수료 취급 분(25%)이 있어서 일본에 팔릴 때의 '3분의 2'가 계산된다.

　그리고 또 수년이 지나 메구로에 있는 카무이의 집 방향에 히로시는 아담한 집을 세웠다. 외견상 서양풍, 안은 자연 소재를 사용한 일본풍인 집이었다. 이것은 〈화혼양재〉라는 발상에서 지어진 것이었다. 기타를 치면서 곡의 아이디어를 떠올리는 히로시 옆에는 부지런하게, 즐겁게, 맛있는 요리를 만들고 있는 부인 아유미가 있었다. 아유미가 〈호시노 다이아몬도〉의 멜로디를 흥얼거리자. 이럴 수가. 진짜 다이아몬드가 마룻바닥에서 샘솟는 게 아닌가.

　이렇게 두 사람은 언제라도 사이좋게, 즐겁게, 행복하게 생활하고 있다.

부록

계약서서식,
용어집

원반공급계약서

 (레코드 회사명) (이하, '갑'이라고 한다)와 (원반제작자명) (이하 '을'이라고 한다)는, 아티스트, (아티스트 명) (이하 아티스트라 한다)의 원반에 관해서, 다음과 같이 원반공급계약을 체결한다.

제1조(목적)
'을'은 본 계약기간 중 본반원반을 계속적으로 제작하고, 이것을 독점적으로 '갑'에 공급하는 것이다.

제2조(권리 귀속)
본반원반에 관계되는 모든 권리(소유권, 레코드 제작자가 가지는 일절의 권리, 아티스트의 실연에 관계되는 저작인접권을 포함한다)는 '을'에 귀속하는 것이다.

제3조(원반사용 범위)
1. '갑'은 '을'에게 공급된 본반원반을 사용하여, 이것을 레코드로서 적합한 상표를 부착하여 복제, 배포하는 것이 가능하다.
2. '갑'이 본반원반의 전부 또는 일부를 재편집하여 사용한 경우, '을'의 사전 문서에 의해 승낙을 필요로 하는 것이 된다.
3. 레코드 종류, 수량, 가격·발매시기, 방법 그 외 일절 사항에 있어서는, '갑', '을' 양자가 협의하여 결정하는 것이 된다.

제4조(원반제작비)
본반원반의 제작에 걸리는 일절의 비용은 '을'이 이것을 부담하게 된다.

제5조(지불방법)
1. '갑'은 '을'에 대해 본반원반의 서용허락을 대가로서 본 계약기간 중 본반원반을 사용하는 복제·배포된 레코드(이하 본반 레코드라 한다)에 대해 아래에 기술하는 것에 의하여 계산된 원반인세를 지불하는 것이 된다.

(세금 포함 정가 - 소비세 - 용기대) × 인세율

2. 케이스 비용은 세금 포함 정가액의 10%가 된다. 단, 아날로그·싱글·레코드에 대해서는 케이스 비용 공제하지 않도록 한다.
3. 원반인세의 계산대상수량은 '갑'의 영업소출하수량 90%가 된다. 다만, 특별판매용 레코드에 대해서는 '갑'의 납입수량의 95%가 된다.
4. 레코드의 본반원반과 그 외의 원반을 병용한 경우의 인세는 해당하는 레코드의 수록되어 있는 원반 수에 따라 비례배분 되도록 한다.
5. 샘플반(盤), 기증용 등 판매촉진을 위해 사용되어 '갑'이 수익을 얻지 않는 레코드에 대해서는 인세 지불의 대상에서 제외된다.

제6조(지불방법)

'갑'은 4분기 매(3월, 6월, 9월, 12월 각 말일) 인세의 발생액을 계산하여 각 말일 후 다음 달 말일에 인세계산서를 '을'이 지정한 주소에 송부한 후, '을'이 지정하는 아래에 기술한 은행의 계좌로 지불한다. 또, '갑'은 각 4분기에 지불인세액이 돈 1,000엔 미만의 경우 다음 분기에 반복해서 지불할 수 있다.

○○은행 ○○지점 ○○예금

계좌명의 _____ 계좌번호 _____

제7조(저작권사용료)

본반원반에 수록된 음악저작물의 '갑'의 복제에 관련된 저작권사용료는 '갑'이 부담한다.

제8조(2차사용료 등의 배분)

제3조에 포함하지 않고 방송 및 유선방송의 2차사용료 청구권 그리고 대여보수 청구권 사적녹음녹화보증청구권 또는 새로 설정된 보수청구권에 기초한 보수의 배분에 대해서는 '갑', '을'이 각각 가맹하고 있는 단체 간의 계약에 따른다.

제9조(아티스트의 초상 등의 권리)

'갑' 또는 '갑'이 지정한 자는 본 계약기간 중 종료 후를 묻지 않고 그 제보 또는 판매한 레코드의 첨부물(가사 카드, 자켓, 해설서 등) 그리고 광고, 선전을 위한 아티스트의 서명, 예명, 초상, 필적, 경력 등(이하, 명칭이라 한다)을 무상으로 사용할 수 있다. 다만, '갑'은 명칭 등의 사용을 제외하고 아티스트의 이미지를 훼손시키는 일이 없도록 충분히 유의하도록 한다.

180

제10조(보증)

'을'은 '갑'에 대해 본반원반이 '을'에 따라 법에 맞게 제작된 것을 보증하는 것이다. 따라서 만일, 제3자보다 '갑'에 대하여 본반원반에 관련하여 무언가의 권리를 주장 또는 이의제기된 경우는 '을'은 자신의 책임과 부담으로 이것을 해결하고, '갑'에 일절의 미혹이나 부담을 미치지 않을 것을 약속한다.

제11조(비디오용 원반)

비디오용 원반에 대해서는 '갑', '을' 두 사람이 별도로 협의하여 계약한다.

제12조(소비세 등)

'갑'은 본 계약에서 정하는 '을'에 대한 전부 지불을 제외하고, 법률에서 정하는 것보다 소비세를 가산하도록 한다.

제13조(계약기간·지역)

1. 본 계약의 유효기간은 _____년 _____월 _____일보다 _____년 _____월 _____일까지의 만 2년간으로 한다.
2. 본 계약의 기간완료의 3개월 전까지 '갑'또는 '을'의 어느 쪽의 상대방에 대해 문서에 따른 본 계약의 종료, 변경 등의 의사표시를 하지 않는 한 본 계약은 동일조건에서 1년 간 자동적으로 갱신되고 그 후도 같도록 한다.
3. 본 계약의 적용지역은 일본 국내로 한다.

제14조(계약종료 후의 취급)

1. 본 계약의 종료로부터 '갑'은 계약보다 취급한 일절의 권리를 잃는다.
2. 본 계약이 종료된 경우 '갑'은 재빠르게 본반원반의 마스터 테이프(서브 마스터를 포함한다)를 '을'에게 넘겨주도록 한다.
3. '갑'이 계약완료 후에 보유하는 재고 레코드에 대해서는 제 6조에 기초한 인세지불을 조건으로 하여 6개월 간 판매할 수 있다.
4. '갑'은 전 항의 재고판매기간의 종료 후에 남아 있는 레코드를 직접 폐기할 수 있다.

제15조(위임)

'을'은 아티스트에서 아티스트의 실연을 수록하고 레코드 및 TV를 독점적으로 복재, 배포 그 외 이용하는 것에 대해 완전한 위임을 받고, 본 계약을 체결하는 것에 충분한 권리를 가지고 있는 것을 '갑'에게 보증한다.

제16조(권리양도)

'갑', '을' 양자는 본 계약에 기초하여 취득한 권리 또는 계약상의 지위의 전부 또는 일부를 상대방의 서면에 따른 승낙 없이 제3자에게 양도 또는 저당 잡힐 수 없게 되어 있다.

제17조(계약위반)

'갑' 또는 '을'이 본 계약 및 그것에 부대하는 각서 등의 조항에 위반하고, 상대방에게 피해를 받은 경우 상대방의 입은 피해를 배상하는 의무가 있다.

제18조(재판관리)

본 계약에 관련하는 일절의 소송에 대해서는 도쿄지방재판소를 관할 재판소와 하는 것에 합의합니다.
와 합의하도록 되어 있다.

제19조(신의 측면)

'갑', '을' 양자는 본 계약의 정해진 각 조항을 신의를 가지고 성실히 이행하고 본 계약에서 정하는 사항들에 본 계약의 각 조항의 해석에 의심이 발생한 경우 법령의 결정에 따른 '갑', '을' 성의를 가져 협의하고 그 해결에 따른다.

이상, 본 계약 체결의 증명으로서 본서 2통을 작성하여, '갑', '을' 명기날인 상의 각 1통을 보유한다.

년   월   일

갑

을

프로듀스 계약서

__(개인명)__ (이하, '갑'이라고 한다)와 __(레코드 회사명)__ (이하 '을'이라고 한다)
는, 아래와 같이 계약을 체결한다.

記

제1조 본 계약은 '갑'의 프로듀스 보다 __(제작회사명)__ 이 제작한 음악작품
(이하「본반작품」이라 한다)을 복제사용한다, 끝에 기재한 '을'의 판매
용 CD·소프트(이하「본반CD」라 한다)에 관해서 적용한다.

제2조 1. '을'은 '갑'에 따른 본반작품의 프로듀스에의 대가로서 본반CD의
매상에 대해서 이하 방법에 따른 산출된 프로듀스 인세를 소비인상
당액을 가산한 금액을 '갑'에 지불한다.
(세금 포함 소매가격 - 소비세 - 케이스 비용)×2%×총매상수량의 90%
① 케이스 비용은 본반 CD의 소비세금 포함 소매가격의 10%가 된다.
② 견본품, 시청용, 시험용으로 제작된 CD는 인세 지불 대상에서 제외된다.
2. '을'은 프로듀스 인세 계산을 매년 3월, 9월 말일에 마감하고 다음
달 말일까지 인세명세서를 작성하여 '갑'에 송부한 다음, '갑'이 지정
하는 은행계좌에 돈을 불입한다. 다만 발생인세액이 2,000엔 아래일
경우에는 그 지불을 다음 분기에 이월하게 된다. 또한 '갑'의 주소
또는 불입하는 은행에 변경이 발생하는 경우에는, '갑'은 그 문서를
신속하게 '을'에 보고해야 한다. 또한, 2년 이상에 걸쳐 '갑'으로부터
의 보고가 없기 때문에 '을'이 인세의 지불 또는 명세서의 발송이
가능하지 않은 경우는 이후 '을'의 인세지불의무는 소멸한다.

제3조 '을'은 본반 CD의 재킷, 첨부물급 선전물에 있어서 '갑'의 이름, 명
칭, 사진, 초상 등을 필요에 응해서 자유롭게 또, 무상으로 사용할
수 있다. 또한 '갑'은 이것에 동의한다.

제4조 본 계약의 내용에 의무가 발생, 또는 본 계약에 규정하지 않는 사
항이 발생한 경우, '갑', '을'은 신의성실의 원칙에 의거해 협의하여
해결한다.

제5조 '갑'은 본 계약의 내용 및 '을'의 의무상 기밀을 제 3자에게 누설할 수 없다.

제6조 본 계약은 전 세계에서 적용되고, 일본국법에 의거하여 해석된다. 본 계약에 관해서 일절의 소송은 도쿄지방재판소를 관할재판소로 한다.

제7조 본 계약의 수정 또는 변경은 '갑', '을'에 문서에 대해서 합의하지 않는 것은 그 효력이 발생한다.

이 상

계약성립을 증명하는 본서 2통을 작성하고, '갑', '을' 명기, 날인한 뒤 각 1통을 소지한다.

년   월   일

갑   주소 :

성명 :   印

을   주소 :

성명 :   印

記

〈본반CD에 대해서〉

타이틀 :「타이틀 명」

규 격 : 12세트 CD

규격번호 : ABC-1234

세금 포함가격 : 2,700엔(예정)

발매예정일 :平成○○년 ○○월 ○○일

용어집

2차적 저작물 : 정리된 저작물. 저작물을 번역·편곡·변형·각색·영화
화와 그 외 다른 방식으로 창작한 저작물.

A&R(Artist & Repatoire) : 레코드회사의 작품 및 아티스트 담당자. 그
역할은 아티스트 발굴·아티스트 계약·선곡·사운드 프로듀서의 기
용결정·회사 내 조정 등.

Admin(Administration, Administrator) : 회사의 비즈니스 관리, 업무,
법무, 저작권, 계약, 라이선스 등의 업무자 또는 그 담당자

Advance : 선불 인세

AOR(Album Oriented Rock) : 앨범, 오리엔티드 록.

ASCAP(Acronym for American Society of Composers, Authors & Publichers) :
일본의 JASRAC을 맡은 미국의 저작권관리단체. BMI, SESAC과는
경쟁관계에 있다.

BGM(Background Music) : ① 우선적으로 즐기기 위한 음악은 아니고
환경이나 분위기를 나타내기 위해 사용하는 음악. ② 보컬을 뺀
트랙(인스트루멘탈). ③ 영화·TV·연극 등에 사용되는 효과 음악.
④ 다큐멘터리나 CF·내레이션 뒤에서 흘러나오는 음악.

BMI(Broadcast Music, Inc) : ASCAP, SESAC과 나란히 하는 미국의 연
주권단체의 하나. 1939년에 방송국의 오너가 모은 ASCAP의 독점
을 저지하는 형태로 설립되었다.

C/W : 'coupled with'의 약자. 아날로그 싱글 반의 A면 곡명과 B면
곡명을 ' / '로 구별한다. (예 : A song for you / B your song)

CASH : 홍콩작곡가작사가협회. JASRAC과 관리계약이 있는 저작권
관리단체. 2001년도 외국인금액은 미국, 이탈리아에 이어 세 번
째의 연주권, 녹음권사용료에 해당하는 7,300만 엔을 징수하여

JASRAC에 송금하고 있다.

Commission : 수수료.

Compilation : 여러 가지의 작품에서 거두어진 곡을 모아 1장의 앨범으로 한 작품.

Contents Provider : 크리에이터가 제작한 콘텐츠를 상품기획·제작·프로모션에 관한 상품가치를 높여 이익을 올리게 하는 사람 또는 법인.

DJ카피(D.J. Copy) : 프로모션용 레코드. 방송국·작가·클럽 등의 미디어 및 관계자에게 무료로 나누어주는 비매품 레코드.

EQ마스터링(EQ Mastering) : CD마스터 음원의 최종 마무리 단계의 음 보정. 이퀄라이저를 통한 1매의 CD의 전곡을 듣기 쉽게 하거나 또는 악곡의 매력을 발산하도록 편집한다.

GEMA(Gesellschaft fur musikalische Ausfuhrungs) : 독일의 녹음권 및 실연권의 관리단체. 독일 이외의 나라로는 불가리아·체코 슬로바키아·폴란드·루마니아·터키·유고슬라비아를 커버한다.

Gig : 공연과 공연 스케줄의 속칭.

ISRC(International Standard Recording Code) : 국제적으로 승인된 저작권보호의 견지에서 CD 등의 디지털 패키지에 수록된 악곡에 붙일 수 있는 시리얼 넘버. 최종적으로는 악곡의 작가를 지정하여 그 권리보호를 목적으로 함.

JARED(Japan Record Distribution) : 재팬 레코드 배송회사의 약칭. NRC와 나란히 하는 레코드 물류회사

JASRAC(Japanese Society for Rights of Authors, Composers and Publishers) : 일본음악저작권협회

LP(Long Playing Phonograph Record) : 12인치, 33⅓회전의 아날로그 레코드.

MC(Music Cassette) : ① 보통 마이크를 잡고 사회를 보는 사람. ② 음악 카세트

MD(Managing Director) : 회사에서 부장보다 상급자 또는 상급부장. 사장 또는 CEO와 동격으로 사용되는 경우도 있다.

MIDEM(International Record and Music Publishing Market) : 프랑스의 칸느에서 매년 1월에 개최되는 음악비즈니스 관련 트레이드 쇼.

MOR(Middle of the Road) : ① 선율적인 곡조의 작품을 듣기 좋게 편곡하거나 녹음한 음악의 스타일. Easy Listening과 동일. ②MOR 또는 Easy Listening을 전문으로 하는 라디오국 또는 라디오 프로그램. ③ 마켓, 세그먼트의 하나.

MP3(Mpeg 1 Layer 3) : 동영상의 압축방식으로 MPEG의 오디오를 제정한 음성부분의 압축방식. 용량은 CD의 10분의 1.

MPEG(Moving Picture Coding Experts Group) : 데이터 압축(Data Compression)방식의 한 가지. 압축방식의 한 가지 JPEG(정지획용압축방식)을 이용한 더욱 더 프레임간 압축을 사용한 동영상용의 압축방식. MPEG1은 비디오, CD 등, MPEG2는 DVD 비디오, 방송 미디어 등, MPEG4는 비디오나 오디오 오브젝트용에 이용된다.

MTV(music television) : 1981년에 뉴욕에서 설립된 케이블 TV 채널. 레코드회사가 작성한 비디오 클립을 프로그램화한 채널.

NRC(Nippon Record Center) : 일본레코드 센터의 약칭. 재러드(JARED) 와 나란히 하는 레코드 물류 회사.

P. D.(Public Domain) : 작가 사후 50년에 경과해 저작권이 소멸되는 저작물. 모차르트나 바흐 등의 클래식 악곡, 옛날 민화 등이 모두 이 범주에 들어간다.

POS코드(POS code) : 바코드. 제품 코드. 컴퓨터에 의해 상품을 인식·구분하기 위한 코드.

RIAA(Record Inustries Association of Americas) : 전미 레코드 공업회. 일본 레코드협회 RIAI를 맡은 미국 조직.

SACEM(Société des auteurs, compositeurs et éditeurs de musique) : 프랑스의 녹음권 및 연주권의 관리단체.

Salsa : 1970년대에 미국의 동쪽해변 지역에서 생겨난 음악 장르. 히스패닉 계의 뮤지션이 음악에 록이나 재즈 요소를 넣어 만들어 낸 댄스 음악.

SD 규격(Super Disk) : 1995년 세워져 파이오니아·토시바·파나소닉·MCA잉크·톰슨·타임 워너의 7개사에 대해 제창된 DVD규격. 두께 0.6mm의 기판을 2매 붙여서 아울러 1.2mm의 두께로 직경 12cm의 외형이 되었다.

URL(Uniform Resource Locator) : web상의 정보 소재지를 보여주는 기술방식. 프로토콜·서버 이름·패스 명을 나란히 표기한다.

개런티(Reward) : 아티스트에 대한 지불 보수. 이 개런티라는 말은 식사비, 교통비, 숙박비라는 의미도 함께 사용되는 경우가 많다. 어원 「guarantee」는 「보증」이라는 의미.

경영 프로듀서(Executive Producer) : ① 레코딩에 해당한 돈 전면을 전담하는 사람. 토탈 계약·권리관계·예산 개런티 지불·일정·스튜디오 선정·크리에이티브 스태프 선정 등의 전체에 관여한다. ② 제작, 발매에 관한 돈 전면의 최종책임자.

골드 싱글(Gold Single) : 일본 레코드 협회에는 싱글 음반이 20만 장 이상(해외음악은 5만 장 이상)의 매상을 올린 레코드를 가리킨다. 미국에서는 50만 장, 영국은 10만 장.

골드 앨범(Gold Album) : 일본 레코드 협회에는 앨범이 20만 장 이상 (해외음악은 10만 장 이상)의 매상을 올린 레코드를 가리킨다. 미국에서는 50만 장, 영국은 10만 장.

공동원반(Co-Produced Master) : 2개사 이상이 제작한 원반.

공동출판(Co-Authored Comsition) : 2개사 이상이 저작권의 관리를 가지고 있는 악곡.

공중송신권 : 인터렉티브 송신에 있어서 저작자는 공중의 송신이 행해지지 않아도 서브 데이터의 업로드가 행해진 시점에서 저작자의 권리가 발생한다.

공표기산주의 : 저작권 보호기간의 종료 시, 공표시점에서 계산하는 방법. 사망기산주의가 적용되지 않는 저작물에 대해 예외적으로 이 공표기산주의가 적용된다.

공표시편곡제도 : 공표 시 편곡(저작물이 처음으로 레코드로서 발행될 즈음 부친 편곡)을 행하는 사람이 가라오케 연주사용료의 12분의 1의 분배를 받는 제도. JASRAC의 회원, 신탁자에 대해 ① 연주권 내의 가라오케 부분과 ② 통신 가라오케의 송신부분을 분배대상으로서 분배한다.

굿 윌(Good Will) : 고객흡인력. ① 회사가 오랫동안 걸쳐 획득한 자사 상품에 대한 고객의 높은 신용. ② 아티스트가 가진 상품의 선전·판매에 유효한 명성·평가·인상.

그래미 상(Grammy Awards) : NARAS(National Academy of Recording Arts and Sciences)가 매년 음악업계의 두드러진 아티스트·작품 등에 대해 수여하는 상. 베스트 레코드·앨범·곡·팝 보컬리스트(남성, 여성)·팝 클럽·록 보컬리스트·하드 록·랩·클래식에서 프로듀서·엔지니어·아트 웍·라이너 노츠 등의 부문도 설정되어 있다.

그래픽 디자이너(Graphic Designer) : 그래픽스(문자관계), 레이아트, 앨범, 재킷의 아트 웍, 광고, 포스터, 로고 등을 만들어내는 사람.

그로스 세일즈(Gross Sales) : 레코드회사에서 도매점 또는 소매점에 출하한 상품의 매상금액.

그룬지(Grunge) : 시애틀에서 발상한 X세대라 불리는 계층으로 퍼진 음악스타일. 얼터너티브(Alternative)계 록과 너무 큰 사이즈의 값싼 의상이 특징. 니르바나가 대표적인 아티스트.

기내음악프로그램(In-Fight Programming) : 비행기 내에서 사용되는 음악프로그램. 레코드회사의 지정가의 원반복제권료를 지불, 프로그램제작회사가 작성, 사용(제3자 사용)한다.

더브(Dub) : 아프리카 캐리비언의 영향에서 생겨난 자메이카 레게 종류.

데모(Demonstration Recording) : 신곡 또는 신인을 위해 혹은 프로듀

서가 바로 촬영을 위해서 가이드가 이용하는 레코딩. 실제로 발매되는 일이 없는 녹음.

도매가격(wholesale price) : 메이커 또는 패키지로부터 배당비율은 12cm CD의 경우, 정가의 70%정도. 'PPD'라는 단어도 「도매가격」이라고 번역되지만, 이 경우는 미국의 용어. 미국에서는 도매점에는 소매점보다 싼 가격을 최초로 설정한다. 그 「도매가격」이 'PPD'이다.

디렉터(Director) : ① 조직 또는 회사의 「부장」에 해당하는 포지션. ② 음원, 연극, 영화, 비디오, TV등의 제작회사의 크리에이티브 부문의 운영책임자인 포지션.

디스코그래피(Discography) : 아티스트의 모든 레코딩을 카탈로그로 리스트 업을 한 것.

딜(Deal) : 각서·계약·거래. '레코드 딜'로서는 아티스트 계약. '분배 딜'로서는 인디 프로듀서와 메이저 간의 유통에 관한 각서. '출판 딜'로서는 작가와 음악출판사 간의 계약.

딜러(Dealer) : ① 소매업자. 소매점. ② 머천다이징 상품을 구입하여 판매하는 업자.

라벨 정보(Label Information) : 라벨 카피 가운데 실제 CD와 카세트의 표면에 인쇄된 정보부문이다.

라벨 카피(Label Copy) : 레코드 회사와 인디펜던트 프로듀서의 사이에 체결된 거래. 프로듀서는 레코드 회사에 완전한 마스터를 건네고, 레코드 회사는 그것을 프로듀서의 특정 라벨 로고를 부착하여 제조·판매한다.

라이선스(License) : 권리 허락. ① 저작권이 있는 작품을 사용허가하는 것. ② 행동·사용·소유·판매 등을 정식인가·허가·권능 부여하는 것.

라이선스 동의(License Agreement) : 원반공급계약. 원반소유자가 레코드 회사에 일정계약기간의 사이에 한해 원반의 복제사용을 인정하는 계약.

라이선시(Licensee) : 원반피공급자. 음악출판사나 레코드 판매회사 등 권리자의 허락을 받는 콘텐츠를 판매한다.

라이선서(Licensor) : 원반공급자. 작가나 원반제작회사 등 저작권이나 원반권을 보유한다.

라인 프로듀서(Line Producer) : 제작 현장에서 아티스트나 스태프와 일하는 프로듀서·통상 레코드 회사·음악출판사·제작사무소에서 경영 프로듀서에 고용되는 형태로 프로덕트에 참가한다.

렌탈 금지기간 : 법률과 비슷하게 1년간 인정되지만 메이커에게 허락권이 있는 것으로 일본 음악 등은 3주간이 보통이다.

로드 매니저(Road Manager) : 콘서트 투어에 해당하는 로드 쿨을 관리하는 관계자의 이동·숙박·케이터링 등을 담당한다.

로열티(Royalty) : 사용료·인세·저작권·연주권·프로듀스권. 권리를 소유하는 입장이라면 인세이고, 권리를 사용(이용)하는 입장이라면 사용료가 된다.

리버브(Reverb) : 음에 전자적인 요소를 부여해 깊은 울림을 주는 레코딩 장치. 욕실과 같은 잔향음을 만든다.

리전 코드(Region Code) : 영화회사의 요구에 의한 DVD비디오, 소프트와 기기에 설정된 재생지역지정 코드. ① 캐나다·미국·미국령, ② 일본·유럽·남아프리카·중동, ③ 동남아시아·동아시아·홍콩, ④ 호주·뉴질랜드·중남미, ⑤ 구소련·인도·북한·몽골, ⑥ 중국 이상 6개 지역

리퀴드 오디오(Liquid Audio) : 음악배신을 동반하는 전자결제나 콘텐츠의 암호화 기능 등 저작권보호 기술을 갖추는 종합 시스템. MP3를 처음으로 복수의 압축형식에 대응하는 것.

립싱크(Lip Sync) : 통칭 TV프로그램이나 비디오 클립 촬영 또는 안무에 이미 녹음 완료되어 있는 보컬 음악에 입의 움직임을 포함시켜 마치 노래하고 있는 것처럼 보이게 하는 것.

마더(Mother) : 아날로그 디스크를 제조하는데 해당하는 마스터 테이프에서 마더라 불리는 락커 마스터가 최초로 만들어진다. 더욱이 스탬프라 불리는 형태가 만들어져 스탬프에서 디스크가 플레이된다.

마스터 번호(Master Number) : 원반 마스터에 부여되는 번호.

마스터 테이프 번호(Master Number) : 상품번호(카탈로그 번호)와 특별히 음원 마스터에 부여되는 관리번호. 제조 라벨에 미치는 음원 관리 라벨에의 작업이 기본 코드가 된다.

마스터 테크니컬(Technical Sheet) : 원반 마스터에 첨가된 레코딩 데이터 시트와 엔지니어가 기입되는 것.

마스터링(Disk Mastering) : ① LP를 만들 때 마스터 테이프에서 락커 마스터라 불리는 원반을 만드는 기술 또는 작업, ② CD용 마스터 테이프에서 CD 프레스용 원반을 만드는 기술 또는 작업.

마케팅(Marketing) : ① 상품 제작, ② 시장 조사, ③ 판촉 전략, ④ 판촉 계획에 기반을 둔 시책 실행, ⑤ 제조에서 소비자까지의 사이클을 윤활하게 하는 행위.

매니퓰레이터(Manipulator) : 컴퓨터 조작에 의한 연주하는 사람.

매트릭스 번호(Matrix Number) : 원반번호.

맥시 싱글(Maxi-Single) : 통상의 싱글 반보다도 길게 수록을 가능하게 한 싱글 반. CD라면 12cm 싱글, 아날로그라면 12인치 싱글이 형태가 된다.

머천다이징(Merchandising) : ① 판촉, 또는 선전용의 물건. 포스터 -누군가 디스플레이를 파는 행위. ② 아티스트의 투어를 포함한 작성된 프로그램·T셔츠·배지·재킷·캘린더·포스터·장난감 등을 파는 행위. 아티스트 로고나 투어 로고, 앨범 로고가 통상 디자인으로서 사용된다.

메커니컬 라이선스(Mechanical License) : 오디오 형식에 음원을 복제·유통·판매하는 허가. CD 카세트·LP·마이크로 칩 등이 패키지의 예가 된다.

뮤직 코디네이터(Music coordinator) : 영화·TV프로그램의 컨설턴트 또는 스태프. 악곡의 선정·제안·저작권 처리·싱크로 입회·큐시트의 작성을 행한다. Music Supervisor라고도 한다.

백 카탈로그(Back Catalog) : 현행 카탈로그는 없지만 기획에 의해 상품이 잘 팔리는 카탈로그.

법무(Leagal Affair) : 계약·라이선스·리스·회사 간 계약 등의 법률상 업무.

베이비 붐 세대(Baby Boomer) : 1946년에서 1964년간 태어난 세대. 전후세대.

베이직 트랙(Basic Track) : 리듬 트랙. 이 트랙에 보컬이나 스트링스 등의 편곡 트랙이 겹쳐져 악곡음원이 된다.

보너스 레코드(Bonus Record) : 통상 판매 상품이나 공포상품에 특전 또는 레코드 이외의 상품의 판촉용에 붙이는 레코드. 원반인세가 통상 상품의 50%에 해당한다.

복제권(The Right to Reproduce) : 저작물을 ① 녹음, ② 녹화, ③ 인쇄, ④ 사진, ⑤ 복사 그 외 다른 방법에 의한 유형적인 재제 권리.

부킹 에이전시(Booking Agency) : 아티스트의 콘서트의 모든 스케줄을 코디네이트 하거나 제작 및 예산을 컨트롤 하는 회사.

부티크 레코드 라벨(Boutique Record Label) : 작게 특화한 라벨. 큰 레코드 회사 가운데 특정한 세대 또는 세그먼트에 집중하여 발매하는 인디에 가까운 작은 라벨.

불법녹음대책위원회 : 일본 레코드 협회 첫 음악관련 9개 단체에 설립한 불법녹음문제에 맞서기 위한 위원회. 가라오케에서 안무·피아노·기타 등의 각종 음악실질의 불법녹음 실태를 조사하거나 저작권사상보급을 위해 광고활동을 행한다.

블랭킷 방식(Blancket Method) : 방송국이 원반의 2차 사용료(사용허락료)로서 JASRAC에 연액사용료를 포괄적으로 (1곡씩 카운트하지 않고 1년분으로) 지불하는 방식. 사용악곡은 방송국보다 JASRAC에 3개월에 1번. 1주간분의 사용곡을 보고한다.

비디오그램(VideoGram) : 비디오 카세트와 비디오 레코드, 영화 필름을 포함한 AV작품.

비디오 클립(Video Clip) : 신곡을 선전하기 위해 영상 수록한 소위 프로모션 비디오.

사업계획(Business Plan/BP) : 통상 연간의 사업계획. 매상 및 이익계획을 설정하고 그 실현방법의 텍스트.

사적녹음보상금관리협회(Society for Administration of Remuneration for Audio Home Recording) : SARAH. 저작권법 제 30조에 기반하여 1993년부터 DAT·DCC·MD·CD-R·CD-RW 등의 디지털 기기에 의한 녹음에 대해 권리자인 저작권자·실연가·레코드 제작자의 위탁을 받아, 사용자로부터 보상금을 징수 받는 단체. 문화청장관으로부터의 지정단체. 이 SARAH와 사용자를 연결하여 각 메이커로부터 보상금을 집적하는 것으로 (사)전자정보기술산업협회 및 (사)일본기록 미디어 공업회, 수입업체가 있다. 보상금은 JASRAC (36%), (사)예단협(32%), (사)일본 레코드 협회(32%)의 3개 기간에 배분되어 더욱이 각각의 권리자에 재분배된다.

사적녹화보상금관리협회(Society for the Administration of Remuneration for Video Home Recording) : SARVH. 저작권법 제 30조에 기반하여 2000년부터 DVCR·DVD 레코더 등의 디지털 녹화기계와 기록매체와 비슷한 녹화에 대해, 권리자인 저작권자·실연가·영상제작자의 위임을 받아 사용자로부터 보상금을 징수 받는 단체. 문화청장관으로부터의 지정단체. 이 SARVH와 사용자를 연결하여 각 메이커 및 수입업자로부터 보상금을 집적하는 것으로 (사)전자정보기술산업협회 및 (사)일본기록 미디어 공업회가 있다. SARVH로부터 사적녹화저작권자협회(68%), (사)예단협(29%), (사)일본 레코드 협회(3%)에 보상금이 배분되어 더욱이 각각의 권리자에 재분배된다.

상품번호(Catalogue Number) : 각 상품마다 번호가 부여된 시리얼 넘버. 패키지를 지정한 후의 키워드.

샘플링 방식 : 민방의 경우 3개월에 1회 「저작권주간」의 모든 사용 악곡을 상세히 체크하고 JASRAC에 샘플링 보고를 한다. 그 자료가 JASRAC 저작권자의 분배기준의 하나가 된다.

서브 출판사(Sub-Publisher) : 해외 음악을 일본 출판사가 위탁하여 저작권관리할 때, 해외 출판사를 오리지널 출판사, 일본 출판사가 서브 퍼블리셔(서브 출판사, 하청출판사)가 된다.

선전계획서(Promotion Plan) : 선전 섹션이 하나의 물건을 팔기 위해 프로모션 및 퍼블리티의 구체적 내용을 기록한 계획서.

세그먼트(Market Segment) : 총계적인 마켓의 분류. 연령·기호·세대·교육정도·직업·혼인·취미·구매력·거주지역 등이 기준이 된다.

센서스 방식 : 라이브 연주와 영화의 방송에 대해서는 사용한 전부의 악곡에 대해 1개월마다 정리하여 다음 달 말일에 JASRAC에 보고한다.

소호(Soho) : 런던 시내에 있는 역사적인 음악비즈니스 발상지역. 뉴욕의 틴 팬 앨리를 줄여 칭해진다.

송 라이터(작가/Songwriter) : 악곡을 작사 또는 작곡하는 개인.

시한재판 : 일정 기간을 경과한 재판상품의 정가를 말소하고, 소매점이 마음대로 가격을 결정, 판매해도 좋은 재판제도. 각 상품마다 메이커가 기간을 재킷에 표시하지만 재판기간은 단축화의 경향이 있다.

싱크로 요금(Syncronization Fee) : 영화 또는 TV프로그램 등 영화와 음악을 이용한 작품을 제작할 때 영화 이미지에 음악을 씌우는 (싱크로 된다) 작업에 동반하여 발생하는 악곡사용허가료. 통상 CD저작권 등과 다르다. 마스터 -작성시- 회 작업에 대한 권리자 (작가 또는 출판사)에 지불된다.

아카데미 상(Academy Award) : 1928년에 시작된 영화상. 「오스카 상」

은 속칭.

안분(按分**/pro-rated)** : 전체 앨범의 인세를 분배할 때 곡수배분이라는 것을 고려하는 것

업계지(Trade Magazine) : 오리콘(오리지널 컨퍼런스), 빌보드 지 등 히트차트를 시작으로 한 업계 내의 정보를 망라한 음악업계전문지.

에이전시(Agency) : 광고대리점. 콘서트 사무소. 탤런트 사무소.

에이전트(Agent) : 대리인

엔지니어(Engineer) : 레코딩 스튜디오에 녹음기재를 조작하는 기술자. 음을 기록하는 작업과 얻은 음을 믹싱, 마뉴퍼레이트, 편집작업에 종사한다.

예단협(Japan Council of Performer's Organizations) : 정식명칭은 사단법인일본예능실연가단체협회. 배우·가수·연주가·안무가·실연가 등의 59단체를 회원으로 하는 공익법인. 상업용 레코드의 2차사용료를 받는 단체이고, 동일한 대여·에 관계되는 보수를 받는다. 방송된 실연 녹음, 녹화, 재방송 등에 관한 보수권 등의 저작인접권처리업무도 행한다. 98년도에 2차사용료징수실적이 25억 엔. 동일하게 대여 레코드 사용료도 25억 엔.

오리지널 출판사(Original Publisher) : 해외 악곡을 일본 출판사가 위탁된 저작권관리를 할 때 해외출판사를 오리지널 출판사, 일본 출판사를 서브 퍼블리셔(서브 출판사)라 한다.

원반(마스터/master) : 음원을 징수하는 마스터.

원반공급계약(Master Supply Agreement) : 원반제작자(음원제작회사, 음악출판사 등)와 사용자(레코드 회사)와의 사이에 맺어지는 계약. 계약완료까지 원반을 사용자인 레코드 회사에 미리 맡기는 형태, 계약기간종료 후에 제작자에 반환하게 된다.

원반양도계약(Master Transfer Agreement) : 원반제작자(음원제작회사, 음악출판사 등)와 사용자(레코드 회사)와의 사이에 맺어지는 계약. 계약기간 종료 후에도 계속 이어지는 원반은 사용자인 레코드 회

사의 소유가 된다.

원천과세(Withholding Tax) : 아티스트의 보수 지불을 '5만 엔'이라고 할 때, 개런티 지불을 하는 사람이 아티스트에 대신 세금 1할을 세무서에 납입하면, 아티스트의 지불액은 명목상 (50,000÷0.9=)55,555엔이 되어, 5,555엔이 지불하는 사람에 관해 세무서에 납입되는 원천세가 된다. 미국 아티스트라면 2할이 원천과세가 되어 (50,000÷0.8=)62,500엔이 지불액으로 125,000엔이 원천세가 된다.

음악저작물(Copyrighted materials) : 사상 또는 감정이 선율 혹은, 음으로 표현되는 저작물.

음제연 : 정식명칭은 사단법인음악제작자연맹. 문화청에 인가된 단체. 저작권의 계몽이나 저작인접권의 옹호를 행하는 단체. 약 200개 사에 달하는 프로덕션이 가맹되어 있다.

이지 리스닝(Easy Listening) : 선율적인 곡조의 작품을 듣기 좋게 편곡하고, 녹음하는 음악 스타일.

인디 라벨(Independent Label) : 메이저 유통망을 타지 않는 레코드 또는 레코드 회사. 유통은 개인의 판매에서, 인디 레코드 전문 판매회사 또는 메이저 레코드 회사에 제조와 판매를 위탁하는 형태이다.

인디펜던트 프로듀서(Independent Producer) : 60년대까지는 하우스 프로듀서라고 해서 레코드 회사의 A&R부문에 소속된 프로듀서가 보통이었지만, 60년대에 들어서 외부 조직에 소속하는 인디밴드 프로듀서를 사용한 작품이 히트 상품의 주류가 되었다. 인디밴드 프로듀서의 스타일에는 2개가 있는데 ① 프리랜서로서 각각의 프로젝트에 관련하는 각각의 레코드회사와 계약하여 레코드 회사의 원반제작을 위해 아티스트를 프로듀스하는 경우와 ② 아티스트와 직접계약한 원반을 제작하고 레코드회사에 원반공급 또는 원반양도하는 스타일이다. 어쨌든, 판매되는 상품을 만든 책임이 있다. 제작기획(로열티, 제작비용 등)을 사전에 견고하게 해놓는 것, 최종마스터를 기획 납입할 수 있는 것이 중요하다.

인디펜던트 프로모터(Independent Promotion Representative) : 일부의 레코드 회사나 아티스트 사무소를 클라이언트로서 레코드 또는 아티스트의 프로모션을 행하는 프리랜서. 일정기간, 일정상품을 일정 미디어에 프로모트하는 일이 많다. 보수는 일괄의 의뢰비, 홍보 기사나 라디오·온 에어·비디오·에어 플레이에 대한 성공 보수 등이 있다.

인레이 카드(Inlay Card) : CD의 표면과 속면에 사용되는 카드. CD 케이스·해설이나 가사 카드와 함께 부속품이라 불리는 것의 하나.

일본 레코드 협회(Recording Industry Association of Japan) : 약칭 RIAJ. 레코드 산업의 계속발전을 도모하기 위해 일본 골드 디스크 대상의 실시 등의 수요확대시책, 저작권보호활동, 2차사용료 징수, 분배 등을 행하는 사단법인. URL : http://www.jmusic.ne.jp

일본음악저작권협회(Japanese Society for Rights of Authors, Composers and Publichers) : JASRAC. 일본의 작사가·작곡가·음악출판사 등의 저작권자부터 관리위탁을 받는 것과 함께 해외 저작권관리단체와 계약을 맺고 일본뿐만이 아닌 세계 음악저작권을 관리하는 사단법인.

재판매가격유지제도 : 레코드 반·서적·신문·잡지·음악용 테이프·음악용 CD의 6개 품목에 관해서는 정가를 제조업자(메이커)가 결정하고. 전국 일률으로 하고, 소매점이 마음대로 가격매김할 수 없는 제도. 실제로는 「시한재판제도」가 되고 있어 메이커가 각각 실효기간을 결정하고 있다. 덧붙여서 싱글 CD(포함하는 마킹, 싱글) 1년, 해외음악 1년, 일본음악 앨범 2년. 클래식 6개월에서 1년이 보통.

저작권(Copyright) : 저작물을 창작한 저작자가 저작물을 출판하고 연주 또는 방송하는 등의 행위에 대해 저작자에 법률에 의해 규정되는 권리.

저작권법(Copyright Law) : 문학·미술·음악 등 인간의 창조물을 보호하기 위한 법률. 메이지 32년(1892년)에 규정. 쇼와 45년(1970년)에 근본적으로 개정. 쇼와 60년(1985년)의 개정에는 컴퓨터 프로그램도 저작물로서 보호되는 것으로 한다.

저작인접권(neighbouring Right) : ① 실연가, ② 레코드 제작자, ③ 방송사업자, ④ 유선방송사업자의 권리를 보호하는 저작권법상 권리. 예를 들어 제3자가 시판의 CD를 음원으로 복제하고 배신하는 경우는 레코드 제작자나 실연가의 허락과 허락료 지불(보수청구권에 기반을 둔 지불)이 필요하다.

저작자인격권(Moral Right) : 저작자가 자신의 저작물에 대해 (JASRAC과 관련하지 않고 직접, 작가 본인이) 가지는 인격권 또는 정신적 이익을 보호하는 권리. 악곡을 기초로 노래를 바꿔 만들고 또는 CM곡으로서 사용하는 때에는 작가의 직접허락이 필요. 저작권과 다른 저작자인격권은 영구히 소멸되지 않는다.

전미 레코드 공업회(Recording Industry Association of America) : 일본의 레코드 협회에 해당하는 단체. 약칭 RIAA.

전시가산 : 제 2차 세계대전 중에 존재했던 연합국민의 저작권 및 저작권에 대해 약 10년간의 보호기간 연장이 더해졌고 패전이후 없어졌다. 일본의 저작권법은 '작가 사후 50년까지' 그 악곡의 저작권은 보호되는 것으로 한다. 전후 1952년에 시행된 조례에 의해 연합국측의 악곡에 대해서는 보호기간이 연장되고 있다. 이것에 의해 미국·영국·프랑스·호주의 작가의 악곡은 '작가의 사후 50년에 3,974일을 더한 기간' 보호되는 것으로 한다.

제3자 사용(Third Party Use) : 기내 프로그램·CM·영화·비디오·인터넷 방송 등, 원반의 복제권이 허가되고 있는 레코드 회사에서 제3자의 프로그램 / CM / 영화 등의 제작회사가 복제권의 허락을 받아 소재를 제작하는 것.

제작기획서(Production Planning) : 대상상품·아티스트 기획의도·손익

계산·매상계획 등을 정리한 문서.

제작회사(Production Company) : ① 원반 제작 또는 원반관련 소재 제작에 관한 회사, ② 통상 아티스트와 직접 계약하고 레코드 회사와의 사이에 아티스트의 대리인(아티스트 에이전트)으로서 계약을 맺는 회사.

조/항(Clause/Paragraph) : 계약서의 구분표기. (예 : 제 1조)

주문서(Order Form) : 영업 섹션이 딜러를 행해 만든, 새로운 계보의 오더 시트.

중개업무법 : 1939년에 일본정부가 제정. 이 저작권중개업무를 행하는 기관으로서 사단법인일본저작권협회(지금의 JASRAC)이 설립되었다. 2001년 10월 1일에 폐지. 2002년 4월 1일부터 실질적인 저작권 등 관리사업법에 즈음해서 대신하고 있다.

초상권(Portrait Rights) : 자신의 초상이 스스로의 의사에 반하여 사용되지 않는 권리(프라이버시 권). 자신의 초상이 고객흡인력을 가지는 경우에 제3자에 독점적으로 이용되는 권리(퍼블리티 권). 법률규정은 없지만 판례로서 확립되는 권리의 하나.

출하공제(Shipment Deduction) : 통상공장출하수의 20%. 원반 로열티의 계산에 해당해 최초의 기준이 되는 정가 20%가 케이스 비용 공제는 이전부터 공제된다. 반품금액이 20%가 된다고 하면 가정에 대응하는 (공장출하 20%에 대신하여 영업소출하의 10%가 된다.)

커스텀 라벨(Custom Label) : 메이저의 레코드회사가 제조·판매·마케팅을 행하는 인디 레코드 라벨.

케이스 비용 공제(Packaging Deduction) : 통상 10~20%. 원반 로열티의 계산에 해당하는 최초의 기준이 되는 정가 10%가 케이스 비용 공제로서 이전부터 차감되는 것. 부속품(P케이스, 해설, 인레이, 슈링크 등)의 비용에 대응한다. (→ 출하공제)

케이터링(Catering) : 콘서트장 음악실의 멤버. 스태프 음식 등 케어(보살핌)를 하는 것.

크로스 오버(Crossover) : 시장의 1세그먼트에 성공한 작품이 누군가의 세그먼트에도 팔리는 경우에 이렇게 부른다. 예를 들어, R&B와 POPULAR의 영상 차트에 팔리고 있는 작품,

틴 팬 앨리(Tin Pan Alley) : 19세기 말, 뉴욕의 음악출판사가 등장한 시기. 출판사가 집중한 음악비즈니스의 발상지역, 또는 미국 팝스로서 음악 세대를 가리킨다. 값싼 피아노를 연주하여 곡을 팔았던 당시 상황을 칭하여 생겨난 말. 구체적으로 20세기 초의 다섯 번째 거리와 브로드웨이 간의 28번째 거리, 1920년대에는 브로드웨이 32번째 거리, 그 이후 42번째에서 50번째 거리로 지정되었다.

파일교환 소프트 : 네크워크에 접속한 PC끼리 음악, 문서, 영상 등의 데이터(전자화된 파일)를 교환할 수 있는 소프트 에어.

패더(Fader) : 스튜디오 용어. 음량을 변화시키기 위한 콘솔 위의 믹서·레코더·재생장치.

팬진(FanZine) : 특정 아티스트 또는 음악 스타일의 팬이 자신들의 정보를 모아 편집한 회보. 팬클럽 회보.

퍼블리티(Publicity) : 레코드 회사의 선전 행위로서 디렉터나 선전하는 사람이 카메라맨을 통해 아티스트와 그 작품을 세상에 알리는 행위.

편성표(라벨 카피) : 각 상품의 내용을 지정하는 항목을 전부 망라한 서류.

편집저작물 : 백과사전·문학전집·판례집·신문·잡지에 대해 그 중에 수록되는 각각의 소재 선택 또는 배열이 창작성을 가지는 것.

프로듀서(Producer) : ① 사운드 프로듀서는 음원(한 음원 이상)의 제작에 해당하는 스튜디오 워크의 모든 것을 총괄한다. ② 경영 프로듀서는 작품(한 품목 아이템)을 제작, 판매하는 것에 해당하는 모든 것을 총괄한다.

플래티넘 싱글(Platinum Single) : 일본 레코드 협회는 싱글 40만 장

이상(해외음반은 10만 장 이상)의 판매를 올린 레코드를 지정한다. 미국에선 100만 장.

플래티넘 앨범(Platinum Album) : 일본 레코드 협회는 앨범 40만 장 이상(해외음반은 20만 장 이상)의 판매를 올린 레코드를 지정한다. 미국에선 100만 장, 영국은 30만 장.

하드코어(Hardcore) : 테크노 가운데 1세대. 암비엔토(환경음악적) 테크노와 대조적으로 적극적이다. 육체적·활동적인 테크노 뮤직.

하우스 프로듀서(House Producer) : 레코드 회사·음악출판사·음악사무소에서 풀타임으로 일하는 프로듀서. 기획만 참가하는 프리랜서·프로듀서·독립 프로듀서에 대한 호칭.

한정판(Limited Edition) : 프레스 매수가 한정된 상품(앨범)

해적판(행위/Bootleg) : ① 권리자의 허가 없이 제조, 유통, 판매하는 행위. ② 실연가의 허가 없이 음원을 만드는 행위. ③ 작가 또는 실연가의 대상 지불 또는 허가 없이 제조된 상품.

헤드 어레인지(Head Arrangement) : 편곡자가 악보를 쓰는 편곡이 아닌 각 악기의 연주자가 섹션하면서 전체 편곡을 즉흥적으로 하는 악곡.

헤비 로테이션(Heavy Rotation) : 특정곡이 한 라디오국에 1주 간 30회 이상 흘러나오는 것. 15~29회를 미디엄 로테이션. 14회 이하를 라이트 로테이션이라 한다.

| 저자후기 |

음악비즈니스를 둘러싼 상황은 하루하루 변하고 있다. 한편 음악에 종사하는 일을 하고 있거나 여기에 종사하려고 하는 편은 증가할지언정, 감소한다고는 생각하지 않는다. 그런 방법들에 유용한 책이 없다고 생각한 지 4년 전. 그로부터 매일 같이 시행착오를 하면서 내용을 정리했다. 음악이라는 형태가 없는 것을 문장으로 나타내고, 원반권과 음악저작권이라는 나누어진 형태를 여러 가지로 설명하여 -어울리게 또, 번거로운 작업을 시작했다.

저작권이나 원반권에 관해서 체계적인 배움으로는 반드시 이 책보다 훌륭한 책이 없다고 생각한다. 이 책은 오로지 실천에 필요한, 또는 필요한 지식이나 정보를 '현재까지' 집대성한 것이다. 이것만으로는 피할 수 없는 길 같은 것이라 생각한다. 정말로 유용하게 도움이 될지 안 될지는 읽는 쪽의 여러 가지 입장에 따라 변하고, 솔직히 말씀드리자면 독자로부터의 의견, 감상을 듣는 것이 무서운 게 지금의 심경이다.

작년부터 중국에 갈 기회가 있었는데, 이것 또한 기회가 큰 것이라 각국의 사람들과 일하고 있다. 옛날부터 '음악에 국경은 없다' 등의 말이 있었지만, 격동하는 중국에 가서도 역시 마음이 편해지는 건 음악에 관한 이야기를 할 때이다. 부자나 훌륭한 사람이라도 들을 수 있는 CD는 아이들의 그것도 딱히 변하는 것은 아니다. 음악을 듣는 행위는 세계에서 자유롭고 평등해져왔다. 그런 음악을 듣는 구조를 만들어온 음악비즈니스, 그 분야 선배들의 위업에, 우리들은 크게 감사해야만 한다고 생각한다.

음악의 훌륭함을 조금이라도 보다 좋은 방식으로, 보다 많은 사람들에게 제공할 수 있도록 앞으로도 노력하고 싶다.

이 책을 쓰는 데 대단히 큰 조력, 지도를 받으신 여러분, 그리고 음악비즈니스를 여기까지 교육받으신 다수의 여러분들에게 감사를 표한다.

■ 저자

가케 죠지(鹿毛丈司)

1948년 6월 26일생
1971년 게이오대학 경제학부 졸업
1971년 ㈜일본 빅터 입사
1973년 ㈜BMG 서양음악 포퓰러과
　　　해외 RCA 레벨의 아티스트에 관한 편성·선전업무
　　　(A&R 업무) : 홀&호트, 엘비스 코스텔로 등
　　　국내제작관리업무 : B'z, 오토코구미(男闘呼組), 리사 오노(小野リサ) 등
1998년 ㈜디치크 엔터테인먼트에서 국내제작관리업무
2000년 케이 프로듀스 재팬 유한회사 설립 : 음악제작, 음악출판관리, 컨설턴트

〈제작작품〉
「피아노에 지브리」(빅터), 「일본악기에 지브리!!」(올림퍼스),
「K-Love Story」(록 레코드) 외 다수

〈저서〉 「음악비즈니스 자유자재 1, 2」(음악지우사)
　　　　「최신음악저작권 비즈니스」(야마하 뮤직미디어)

〈음악출판관리〉 로비듀플리 - 야마네마이 등

■ 옮긴이　일본어미디어연구회

경기대학교 정치매체관리학전공 고 이호영 교수님의 지도 아래에 전공 학생
들과 함께 발족한 연구회이다. 학과의 신문방송학 전공 지식을 바탕으로 일본
신문의 사설 및 일본 미디어 관련 서적을 선정하여 번역·연구하는 모임.
2007년 제1기 이수형(간사)·박선희·김미리·김혜림·탁새봄·이정원
2008년 제2기 강상희(간사)·이수형·최창혁·탁새봄·채수연·김미리·김혜림·
　　　　　　　한지희·기현명·장은진
2009년 제3기 탁새봄(간사)·이승준·이정원·기현명·장은진

알기 쉬운 음악 저작권법

▶

초판 1쇄 │ 2010년 11월 11일
초판 2쇄 │ 2018년 10월 11일
저   자 │ 가케 죠지(鹿毛丈司)
옮 긴 이 │ 일본미디어연구회
펴 낸 이 │ 권 호 순
인   쇄 │ 금풍문화사
표지디자인 │ Design tell

▶

등   록 │ 2002년 12월 9일
등록번호 │ 제1-3148호
주   소 │ (121-050)서울시 마포구 마포동 332번지 1층
전   화 │ (02)3273-3867
팩   스 │ (02)3273-3868
전자우편 │ mulrebook@empal.com

▶ ISBN 978-89-6511-008-8 (93010)

정가 20,000원